别再问我什么是女性主义

[日]山口真由——著
董纾含——译

云南人民出版社

果麦文化 出品

前言

“虽然我不是女性主义者……”

很多人在谈论性别时，总会把这句话摆在最前头。不可思议的是，我们明明本着一种特定的观念在讨论问题，却并不清楚女性主义的真实样貌究竟如何。

去年我在某大学的课堂上谈到女性主义，班上一个女生说，她总觉得女性主义是一种碰不得的东西。在她心里，女性主义好似一本只看封面就感觉难以接近和理解的书，因此只能留在书店货架上落灰，从未被人翻看。

女性主义之所以会给人留下这种印象，主要有两方面原因。

其一是大众对女性主义的不理解。至今我仍清楚地记得小学社会教科书上有这样一张照片：一群剪了娃娃头、戴着眼镜的女护士在医院前示威游行，高举的横幅上写着“辛苦、肮脏、危险”，以及“环境恶臭、薪资微薄、劳碌无休、有家难回、健康受损、婚恋无望”[1]等九个“K”打头的词，还有“不是3K职场

---

1 这些词的日文发音都以“K”打头，所以被称为“9K职场”。全书注释均为译者注，后不再说明。

而是9K职场之中的我们”[1]等抗议口号。

一些素来轻率的男生看到照片之后大嚷：“结不了婚何必怨职场，明明是自己的问题！”惹得全班同学哄堂大笑。可以说，当时我们根本无法理解照片中女性紧咬双唇的表情中包含的决心及背后的深意，只把她们当成了揶揄和嘲笑的对象。

其二，部分自称女性主义者的人，对于女性主义让人望而却步的现状，难道就没有责任吗？

时至今日，我仍清楚记得年轻时参加过的一次学习会。大家在会议上展开了关于严惩强奸罪的讨论。一位女性发言人反复呼吁：“女性不同意的性交统统算强奸。国外的法律都是如此，日本已经落后了！”

出于一种纯粹的求知欲，我想搞清楚在强烈要求客观性的刑法中，这种以女性主观态度为必要条件的难题，其他国家究竟是如何将其制度化的。于是我在现场向发言人发出提问，她却怒吼道：“你自己查！”我顿时哑然。

正是这样的事，让大众和女性主义者之间生出误解，之后更造成鸿沟。

如果大众为女性主义贴上敌视男性的标签，认定它就是在歇

1 日本社会在形容职场环境恶劣时常用“3K职场”这一表述，“3K”指的是辛苦、肮脏、危险。

斯底里地反复强调一些古怪主张，并把它归为无法理解的少数派，那么部分女性主义者为了回应偏见，就有可能变得更加固执和激进。除了理性的沟通，女性主义者还要因为受攻击而耗费唇舌。

我想跨越这道鸿沟，去了解何为女性主义。对我而言，学习的源头永远是书本。女性主义相关的书籍比比皆是，在图书馆里，它们占据了好几排书架。有的内容比较专业，主要分析某个外国思想家的难解观点，也有一些从作者自身经验出发的随笔性著作。

但我需要一本没有太多个人色彩且相对客观的书。内容并非深挖某一点，而是较为全面地展现这一领域的全貌。我想了解编织出女性主义这一匹布的横线和纵线，也就是说，了解女性主义历史的经纬。又或者，我想成体系地了解女性主义在世界范围内的普及情况。而能够涵盖以上需求的理想作品，却一本也找不到。

既然如此，不如自己写一本好了。这就是我写作本书的契机。

不过，我很快就开始后悔，觉得自己的决定太过草率了。为了改变与性别以及性存在有关的现状，来自世界各地、有着各种生活背景的人都在将自身热情转化为行动。女性主义正是无数转化瞬间所形成的集合体，因此，其深度和广度都没有边际。并且对这一领域了解得越多，就越难把握住它的全貌。尽管如此，我还是用了几年时间撰写这本书。

首先，我发现女性主义正逐渐成为生活在现代社会中一种不可或缺的教养。长久以来，无论公司还是个人，都在追求对多样性和包容性的理解。而且在日本，说到多样性，第一个想到的就是性别。对于我们这些生活在多元化世界中的人来说，一点点表达失误就可能给别人带来伤害，甚至是致命打击。因此，为了更好地生活在现代社会，我们不单要明白一些形式上的禁止事例，还要进一步掌握性别理论的概要。

更重要的是，我十分敬佩那些穷尽一生投入女性主义这一深奥课题的人，被他们身上闪耀的智慧和热情之光深深迷住了。在过去，世博会的会场中总是展示先进的火车和汽车，好似将未来直接呈现在了大家眼前，令人心潮澎湃。如今，它则成了展现世界各国贫富差距的教育场所。即使大脑可以理解这么做是正确的，我们的内心也不会产生任何躁动。这种多样性的展示，不过是受到了正确性这一责任感的驱使，本应带来的乐趣和振奋却丧失殆尽。这种多样性，又能打动多少人的心呢？女性主义亦是如此。思索这个问题时，我想到了那些女性主义运动活跃的时代，异彩纷呈的运动与人们的激情跃入眼帘，我感到出乎意料地有趣，随即深深沉迷其中。我渴望将内心的兴奋表达出来，正是这番热情帮我克服了在这片深邃广袤的领域中写作的困难，成为推动我前进的最强力量。

这本书并不想让读者俯首帖耳地接受规训，更不是什么谴责檄文。只希望难得拿起这本书的你不要立刻合上它，请花些时间去读一读，好吗？

目录

第三章　激进女性主义诞生——女性主义第二波浪潮（20世纪60年代后半叶）

第四章　马克思主义，女性主义的希望——女性主义第二波浪潮（20世纪70年代前半叶）

第一章

法国大革命与欧洲，女性主义的萌芽
——女性主义第一波浪潮

1　从“难道人类仅等于男性吗”开始

沃斯通克拉夫特点燃烽火

女性主义第一波浪潮可以追溯至18世纪末。在当时，推翻君主专制、夺回人民权益的法国大革命，也成了女性从家庭中施行专制的“君主”，也即从丈夫那里谋求解放的契机。

1792年，英国人玛丽·沃斯通克拉夫特出版《女权辩护》一书，为女性谋求权利的运动点燃了第一把烽火。

沃斯通克拉夫特生于伦敦。因为家道中落，她不得不走出家门自力更生。她曾出版《人权辩护》，因思想激进而为世人所知。紧接着，她又出版了《女权辩护》。此前，就连那些摒弃迷信与宗教信仰、重视理性与科学的启蒙思想家，比如法国启蒙运动卓越的代表人物让-雅克·卢梭（1712—1778）都曾表示女人生来不如男人理性，所以必须依赖男人。卢梭在《爱弥儿》中一边提倡要让男性市民爱弥儿得到相应的教育，一边对爱弥儿未来的妻子索菲进行说教，要求她学会讨男人欢心。沃斯通克拉夫特犀利地指出了其中的局限：身为启蒙思想家，却不愿让自己倡导的自由主义思想惠及女性。男人一边谋求自身自由，一边继续着对女性的奴役。

在沃斯通克拉夫特看来，女性的劣势地位并非与生俱来，而是社会性原因所致。少女接受到的教育忽视智慧和自我实现，一味强调要重视自己的外貌和男性的意见，所以才会拼命修饰外在，寻找一个能“供养”自己的男性。由此，沃斯通克拉夫特提出了一种极为前卫的观点：为了被供养而结婚，这种婚姻是另一种形态的卖淫。此观点一出，便对当时的社会造成极大冲击。她

玛丽·沃斯通克拉夫特
Mary Wollstonecraft (1759—1797)

生于伦敦。女性主义先驱者，社会思想家。同时也是一位作家，创作小说、旅行游记等。

还呼吁“要确立社会平等，就要消除阶级的存在，解放女性”。将性别与人种同样视作阶级的一种，这一观点也彰显出其思想的先驱性。

这一时期关于女性权利的主张和革命初期大抵相同，都带着资产阶级式的自由主义气质。这种自由主义更重视为解放灵魂而斗争的战士们争取自由，并不在乎要如何为被奴役者的生活带去安稳与幸福。在这种环境下，有些人认为《女权辩护》就是一本提倡重视教育的女性教科书。当时人们对它的评价大都很差，尤其是女性主义运动的敌对派。他们不单对本书发出恶评，还进一步抨击作者别具一格的生活方式，称其为“好似穿着衬裙的鬣狗”。之所以会这样，是因为当时的英国社会认为女性发表政治

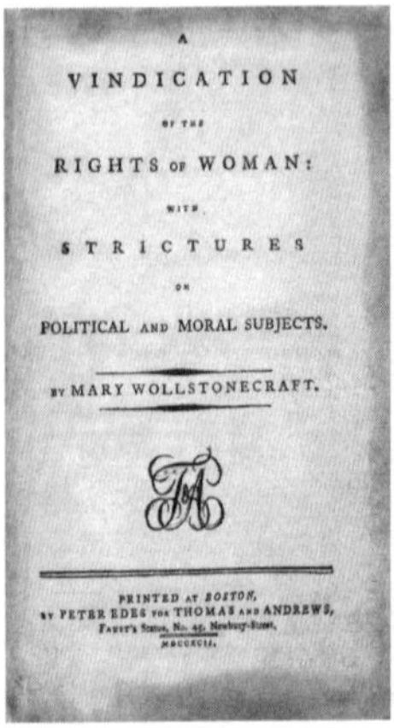
A
VINDICATION
OF THE
RIGHTS OF WOMAN:
WITH
STRICTURES
ON
POLITICAL AND MORAL SUBJECTS.
BY MARY WOLLSTONECRAFT.
PRINTED AT BOSTON,
BY PETER EDES FOR THOMAS AND ANDREWS,
MDCCXCII.

《女权辩护》（*A Vindication of the Rights of Woman*，1792）

沃斯通克拉夫特著。该书批判了男性阻碍女性追求知识的行为，呼吁女性想要获得解放，必不可少的就是教育。

性观点本身就是“下流”的。而未婚先孕、两度自杀未遂的沃斯通克拉夫特，在这样的社会环境中可以说是一种异端的存在。

生活在没落家族之中的沃斯通克拉夫特，一生要在经济上支撑父亲和众多兄弟姐妹的开销，又为虚妄的爱情流泪，还坚持发表政治观点。她最终因产褥热，在38岁的年纪便离开了人世。

沃斯通克拉夫特的政治观念因过于前卫未能被时代所接受，此后很长一段时期也为世人所遗忘。直到19世纪末《女权辩护》一书再版，她的作品才作为争取女性参政权的最早文献资料重见天日。

不过，当时被法国大革命所震撼的整个欧洲，的确出现了对自己所处地位表示怀疑的女性，其中也存在众多革命的实际参与者。

法国大革命与奥兰普·德古热

法国大革命在引发既存秩序崩塌的同时，也创造了一个女性可以参与政治的环境。1789年10月，数千名女性劳动者为了争取“面包”向凡尔赛宫进发。在18世纪90年代这样一个革命的时代，法国女性走上街头，参加游行，发行报刊。以男性为主体的政治俱乐部将她们拒之门外，她们就成立属于女性自己的政治俱乐部。

然而，在女性积极参与大革命并推动王政体制瓦解后，法国的新“统治者”国民议会却对多达六页的呼吁男女平等权利的请愿书视而不见，1789 年发表的《人权宣言》也仅以男性为对象。而最早正面抨击这份《人权宣言》的，就是作家奥兰普 · 德古热。传闻德古热是大贵族蓬皮尼昂公爵的私生女，凭借着超凡的意志提升自身阶级地位，最终在法国的贵族社会中站稳了脚跟。

1791 年，德古热出版名为《女权与女性公民权宣言》的手册，宣称男女应得到彻底的平等，女性也应拥有参政权。其理论有浓厚的早期自由主义女性主义色彩，比起对男性的批判，更多是在抨击女性自身的生活过得“太窝囊”。

奥兰普 · 德古热
Olympe de Gouges (1748—1793)

出生于法国西南部。剧作家，演员。因为宪法之中没有关于女性权利的阐述，故于 1791 年发表了《女权与女性公民权宣言》，呼吁男女平权。

她的政治主张涉及很多方面，比如女性离婚的权利，女性参与国民议会、行政院及法院的权利等，共通之处是体现了一种对自由生活的勇敢追求。她不单关注女性，也关注黑人奴隶，并在自己的戏剧作品中批判奴隶制。她视依靠奴役制度敛财的富裕阶层为敌，还曾收到过威胁她的“杀人预告信”。

德古热这种略具危险性的胆识在革命期间得以充分发挥。她追求女性解放，赞成并煽动革命。但她真正追求的并非以牙还牙、以血还血的革命，而是更富建设性的改革。因此，她也被质疑是一个为路易十六申辩的保皇派，更何况当革命政府内部斗争开始变得激烈时，她倡导的是和解。当雅各宾派在斗争中占据上风，她还公开撰写文章拥护处于劣势的吉伦特派。之所以说她有

德古热被处刑

法国大革命余波未平之际，德古热因批判革命政府及其煽动性的态度而被判有罪，并被送上断头台。

着“令人难以置信的勇敢”，是因为在当时，这样做是要搭上性命的。

果不其然，德古热被捕入狱，遭受审判，最终被送上了断头台。从监狱到法庭再到断头台，直至生命的最后一瞬，她在公众面前也绝不显露一丝慌乱，维持着生而为人的尊严，最终从容赴死。

交际花、革命家梅里库尔险些丧命

在投身法国大革命的女性中，也有像塞洛瓦涅 · 德 · 梅里库尔这样充满激情的女性。她出身贫寒农家，自幼遭受虐待，承受着残酷的劳动压力。不过，自从成为某位身份高贵的女性的侍女后，她的天生丽质便逐渐大放光彩。此后被贵族看中，进入英国社交圈。梅里库尔学会了高雅的贵族举止，享受着上流社会的淫靡，成了伦敦首屈一指的交际花。她与众多有权人士结为知己，积攒了相当丰厚的财富。1789 年法国大革命开始之际，她义无反顾地将男人献予自己的财富投入到对女性的启蒙运动之中。

梅里库尔的美貌、迷人的声音、无比投入的姿态，都使她的演说备受瞩目。她有着极大的煽动力，使民众为之疯狂。

然而，由于梅里库尔是以一种带有性意味的象征人物被捧上台的，似乎少有人认真接受她的思想。她虽因此惨遭舆论所伤，却依然保持着卓然超群的行动能力。她甚至组建了女子骑手队，自己则身穿类似军装的紧身骑马服，随身携带手枪和剑。当时的人们甚至称手握刀枪的梅里库尔是“亚马孙人”——古希腊神话中一个全部由女战士构成的民族。

在饱受关注的同时，梅里库尔也成了猎奇甚至厌恶的对象。她歇斯底里的演讲风格和非同寻常的行为，遭到雅各宾派以及其他一些群体的攻击。1793 年，正在公众面前举行演讲的梅里库尔偶遇其他激进派系的女性集团，其成员将站在讲坛上的梅里库尔拖拽下来，扒下她的裙子，用鞭子将她的臀部打得皮开肉绽。这场私刑险些要了梅里库尔的性命，她也因此精神失常，自那之

塞洛瓦涅 · 德 · 梅里库尔
Théroigne de Méricourt（1762—1817）

生于比利时。11 岁离家出走，辗转欧洲各地。20 岁进入伦敦社交圈，以交际花的身份闻名。她醉心法国大革命，将个人财产都投入到了支持革命、启蒙女性的活动之中。

后再未回归大众视野。

可以说，法国大革命不单有男性参与，不少女性也为之流血牺牲。无论是贵族女性还是农家女，无论是老妪还是年轻姑娘，无论身为共和派还是保皇派，都积极地参与其中。还有一些女性承担了照顾受伤士兵的工作。最终，这些女性中的大多数都被投进监狱，有些则惨遭杀害。然而，1791 年国民议会制定的宪法却不承认这些与男性并肩共进，为自由而奋斗的女性是“市民”。1793 年，女性的政治俱乐部遭禁，1795 年，女性的政治聚会也被禁止。

不可否认的是，就算在女性之中，支持女性争取选举权的人也并不多。一些大城市的进步女性被卷入了法国大革命的洪流，占人口绝大多数的农村女性却仍旧坚定地信仰天主教，反对革命。何况大革命的精神支柱——卢梭的思想主要是在宣扬希腊和罗马市民战士的“男性气质”，这是一种赋予男性公共领域的责任、将女性推进私人领域的“性别角色分工”。而大革命的指导者马克西米连·罗伯斯庇尔（1758—1794）也同样信仰着卢梭的思想。

即便如此，这把源自中产阶级女性启蒙思想的女性主义火焰也没有消失，反而逐渐蔓延到了工人阶级之中。

七月革命与二月革命的新展开

此后，法国的平民女性又在1830年的七月革命和1848年的二月革命中提出了新主张。

这场发生在19世纪前半叶的女性主义思想复活运动，极大地受到夏尔·傅立叶（1772—1837）和亨利·德·圣西门（1760—1825）这两名捍卫平等主义的激进派男性影响。“女性主义”一词最早便是在傅立叶1837年发表的著作中出现的。

傅立叶和圣西门二人都设想了近代家庭模式的替代方案，这是一场空想社会主义实验。他们提出要用集体生活代替家庭生活，其中傅立叶更是表示“妇女的自由程度就是衡量社会自由的标准”。在当时，这样的思想相当前卫，无法被同时代的大众接受，甚至受到了无情的嘲讽。

不过他们的思想及行为影响到了一些女性，画家保罗·高更的祖母弗洛拉·特里斯坦这样富有战斗性的女性主义者就是其中之一。在这些极富个性与热情的女性中，有人在二月革命中挺身而出，站上围墙，或者走在游行队伍的最前面，还有人参与制作枪炮弹药。她们将宣扬女性权利的女性主义与为劳动者们谋求权利的社会主义结合在了一起，如此一来，为妇女争取选举权和改善工作条件也一并成为她们呼吁的主旨。1848年成立的女性权利委员会还曾掀起拥立当时以自由女性身份著称的乔治·桑为国民议会议员的运动。当然，在那个时代，别说被选举权了，女性甚至连选举权都没有。

这些女性主义者高举法国大革命“自由、平等、博爱”的旗帜，希望它的影响力不只停留在资产阶级女性内部，还要扩大到工人阶级女性之中。女性主义运动由此也得到进一步展开。

让女性内部分化加剧的工业革命

工业革命在中产阶级女性和工人阶级女性之间劈开了一道巨大的鸿沟。

弗洛拉·特里斯坦
Flora Tristan（1803—1844）

生于法国。作家，社会改革运动家。父亲是秘鲁贵族，母亲出身法国的资产阶级家庭。她曾结婚又离婚，也曾投入工作，与社会主义者关系密切。拥有十分旺盛的创作激情，致力于追求女性权利内容的扩大与丰富。

当时女性主义的中坚力量，主要是被排除在经济职能之外、受困于家庭的中产阶级女性。相较于追求教育改善、有意义的事业和参政权的她们，那些在工厂中工作的劳动妇女鲜少发出相同的声音。比起这些抽象的权利，劳动妇女更关心薪水和劳动条件的切实改善，因而在观点上更倾向于劳动组合主义，也更容易向鼓励妇女摆脱婚姻压迫、组建集体生活的圣西门主义靠拢。

察觉到女性之间这道鸿沟的，是苏珊娜·沃伊金（1801—1877）。作为一名刺绣手工艺人，她通过编撰报刊《女性论坛》，倡议像自己这样的无产阶级女性和资产阶级女性应该同心协力，携手成为“新女性”。

关于劳动权利的女性主义运动也借鉴了卡尔·马克思

乔治·桑
George Sand（1804—1876）

生于巴黎。作家。她在公共场合穿着男性服装（在当时这是非法的），吸烟，同时和多位男性保持恋爱关系，这些行为使她成为自由女性的象征。当时乔治·桑已是欧洲颇有人气的作家，有相当大的影响力，她一边坚持文学创作，一边主持女性权利扩张的运动。

（1818—1883）和弗里德里希·恩格斯（1820—1895）的马克思主义思想。作为共产主义理论奠基人，马克思和恩格斯在1848年发表的《共产党宣言》中提出，正是资本主义导致女性在家庭和社会之中被迫成为二等公民。

话虽如此，提倡靠革命打倒资本主义、解放女性的马克思，此后却将关注重点放在了资本家对劳动者的剥削上，几乎再未谈及男性对女性的压迫。不过，马克思在晚年又回归了这一主题，恩格斯则以其遗留的海量笔记的一部分为基础，撰写了《家庭、私有制和国家的起源》。本书将在第四章“马克思主义，女性主义的希望”中再度谈及这些观点。

2　英国女性主义的先声

近代家庭的诞生与女性主义

比起法国，英国女性争取参政权和财产权的运动发生得要更早。讽刺的是，女性主义萌芽的契机，正是近代家庭的诞生。

在旧有的共同体中，如果丈夫对妻子施加暴力或行为专横，共同体便会主动介入。大家可以想象一下日本落语故事里的情况：房东插手房客家庭矛盾，对房客进行说教或施加惩戒。这种故事十分多见。同样地，在16—17世纪的欧洲社会中，倘若丈夫的行为令人难以忍受，村落共同体和教会就会出面干涉。

然而，以资产阶级为主体的近代革命提出“私有财产”的概念，改变了这种共同体的价值观。这里所说的私有财产不单包括土地和金钱等“物”，还涉及“人”。可以说，近代革命创造了一个叫作“近代家庭”的隔绝区域。这种家庭是一个封闭空间，它躲开了共同体的"监视"。而在家庭这样一个私人领域之中，女性没有任何权利。妻子被视作丈夫的私人财产，说得再极端一些，要杀要剐全凭丈夫裁决。

在结婚的同时，妻子的财产管理权就会被丈夫剥夺，从而丧失独自立下任何契约的能力。未来即便遭受暴力、监禁、虐待，女性也几乎无权离婚。一旦逃离家庭，甚至会丧失对子女的监护权。

1830 年的"卡罗琳 · 诺顿事件"，就将近代家庭中极端不合理之处彻底暴露了出来。

卡罗琳 · 诺顿的丈夫乔治没有收入，靠妻子的财产度日，还会对妻子施暴。卡罗琳遭丈夫家暴流产，逃回娘家。可当她想要再回到自己家时，却被拒之门外。她的丈夫不允许她见自己的三

卡罗琳 · 诺顿
Caroline Norton（1808—1877）

生于伦敦。社会改革运动家，作家。经历过和善妒且占有欲极强的丈夫分居、离婚、争夺抚养权等一系列苦难后，卡罗琳致力于为已婚及离婚的女性争取应得的权利，推动了数条相关法律法规的改写。

个儿子，包括年仅两岁的幼子。六年后这个幼子去世，卡罗琳怀疑他的死亡并非事故，而是疏于照顾所致。孩子被夺走的同时，卡罗琳在经济上也惨遭丈夫控制。她通过创作得来的收入和继承的财产被丈夫尽数收入囊中，对方甚至时常拒绝支付她的生活费。卡罗琳不仅失去了监护权，甚至无法经济自足。未免过于不合理了。

一个被迫失去爱子的母亲，在这个既无法拥有孩子监护权，作为妻子也无权与丈夫离婚的时代，得不到任何法律救济。于是，这位文采斐然的女性便将自己的遭遇始末写成一本册子，试图唤起舆论关注。在当时的社交界，大部分人都非常同情她的遭遇。

不过，卡罗琳此举并不是要呼吁男女平等，更多的只是在寻求同情和庇护。她认为男女平等是荒唐的，保护女性是男性义不容辞的“神圣义务”。或许正是因为她的这一思想前提和当时的主流思想并无太大出入，所以才会得到当时的舆论支持吧。

住家女家庭教师的活跃

进入到19世纪50年代，英国女性主义运动的大旗开始由住家女家庭教师扛起。其实，出版了女性主义经典著作《女权辩护》的沃斯通克拉夫特就曾是一名女家庭教师。正是这些充满智慧的家庭教师们，充当了贵族阶级法规形成过程的观察者。

19 世纪三四十年代时英国发生了宪章运动。这是一场激进派知识分子和劳动者积极要求在工人阶级中进一步扩大参政权的运动。虽然女性也参与到了这场运动之中，可运动提出的诉求条目里却并没有出现争取女性参政权的内容。也就是说，就连那些寻求社会改革的女性们，也认可男性指导性的优越地位。

反倒是 19 世纪 50 年代，在宪章运动遭受打击之后，女性运动的进程才正式开启。这是一场中产阶级的女性运动，参与者普遍要求从实质上改善女性的各项权利。

此次运动的成果是 1857 年《婚姻诉讼法》的出台以及离婚法院的设立。1870 年和 1882 年，议会两次通过了《已婚妇女财产法》，承认妻子可独自拥有财产。由于英国在较早阶段就从民法层面上大致消除了男女不平等，争取女性参政权比起实际利益，更像是女性地位提高的象征。

争取女性参政权的约翰 · 穆勒议员
及他的伴侣泰勒

英国的女性参政权运动是从 1867 年开始迈入正式化进程的。

1866年，约翰·穆勒（1806—1873）将女性参政权的诉求提上公约。他在女性主义团体的支持下当选议员，并在下议院举行了最初的一波争取女性参政权的请愿活动。穆勒和他的伴侣哈里特·泰勒在二人共著的《妇女的屈从地位》一书中，对女性相关问题做了系统性阐述。泰勒此前在其著作《女性参政权》中已经强调了女性对参政权的需求，她在该书中指出：包含公职在内的一切职业，都应对女性开放。

《妇女的屈从地位》中有一个极富先驱性的观念，它认为男女之间的差异并非“女性的（本质）天性”，而是“社会有意制造出来的”，并宣称从社会角度来说，这种有意制造出来的差异正是社会不公的源头。由于“男性气质”和“女性气质”属于保

哈里特·泰勒
Harriet Taylor（1807—1858）

生于伦敦。哲学家。初婚后与穆勒相遇，二人的友情逐渐转变为爱情。此后二人结婚，思想上互相影响。穆勒的作品《妇女的屈从地位》就是和泰勒共同完成的。

守阶层的一种基本观念，此书的主张遭到保守阶层的反对，但获得了大部分女性参政权运动参与者的支持。此外，这一观念也是第二章将要提到的自由主义女性主义理论的原型，后世更是将《妇女的屈从地位》奉为女性主义理论的经典。

不过，该书同时主张：女性要承担生产和育儿任务，所以男性出去赚钱、女性专注于家务工作的基本方法是适用于大多数家庭的。除去少数有能力的、"例外的"女性，大部分女性都不该从事需要走出家门的劳动，以免妨碍家务及育儿工作。这一主张在后来遭到了批判。实际上书中"有能力的女性才享有经济独立的权利"的观念大大领先于它所处的时代，而这一观念也涉及我们下一章将要提到的自由主义女性主义的问题。

约翰 · 穆勒（左）
泰勒的女儿海伦 · 泰勒（右）

泰勒死后，海伦继续支持着穆勒的工作。

出生于富裕家庭的泰勒是一名十分聪慧的女性。被迫走进婚姻后，她遇见了认可其智慧光芒、对她充满敬意，也能平等对待她的穆勒。两个人的灵魂产生了深刻共鸣，谁都不愿放弃这段感情。于是，在得到泰勒丈夫的公开认可后，泰勒开始追求和穆勒之间的柏拉图式情感。然而这种做法被外界视作丑闻，泰勒也因此被逐出社交圈，吃了不少苦头。即便如此，两人还是等到泰勒丈夫去世后才结了婚。然而，当 1869 年由他们二人共同写作的《妇女的屈从地位》公开发表之时，泰勒已经去世了。穆勒始终强调泰勒的积极贡献，并宣扬自己的大部分著作都是和这位头脑极为聪慧的女性共同创作的。

女性参政权运动的“黑色星期五”

接下来，英国追求女性参政权的活动开始由温和派的全国妇女选举权协会（NUWSS）和激进派的英国妇女社会和政治联盟（WSPU）分开主导。

WSPU 的领导者是埃米琳·潘克赫斯特（通称潘克赫斯特夫人）以及她的女儿克里斯塔贝尔、西尔维娅和阿迪拉。她们坚信“只有行动起来才能改变世界”，而改变世界的具体目的，就是获得女性参政权。在那个时代，女性获得参政权并非手段，而是目的本身。她们相信，只要女性拥有参政权，世界就会改变。然而，这种观念放在当时野心太大，大众很难理解。激进派女性参政论者认为，首先要把大众的注意力吸引到这个议题上来，这种迫切的愿望也导致她们采取了一些带着表演意味的激进行动。

具体来说，她们发动示威游行，对政府不认可女性参政的态度表示抗议，妨碍政治家的演说活动，甚至还打破了首相官邸的玻璃窗。潘克赫斯特夫人最器重的大女儿克里斯塔贝尔表现尤为活跃，经常会想出一些极富独创性的战斗策略。

1910 年，正当女性参政权行将获得承认之际，时任首相赫伯特·阿斯奎斯插手喊停了相关法案。同年 11 月 18 日，伦敦约 300 名女性聚集在议会周边进行抗议游行活动。其中 119 人被逮捕，2 人身亡，人们把这一天称为“黑色星期五”。自此之后，运动发展方向越来越趋向激烈。

埃米琳·潘克赫斯特
Emmeline Pankhurst（1858—1928）

激进派女性参政权活动家。1903 年创立英国妇女社会和政治联盟（WSPU），致力于为所有女性争取参政权。因举行激进的抗议活动受到瞩目。

WSPU 的行动此前备受警察和一些男性的暴力及猥亵的困扰，因此领导者常会向女性传授一些自卫的手段。比如为保护肋骨，可以穿塞了厚纸板的马甲。潘克赫斯特夫人还想到了一个最有效的方式，那就是学习警察们必须接受的训练——柔术。当时很多媒体都记录下了中产阶级女性积极练习格斗技能的场面。

WSPU 的成员们会深夜潜入国会议员的住所以及教会、邮局、铁路等区域，进行点火或爆破等活动。恐怖行动持续升级的代价则是成员们屡遭政府逮捕，被投入监狱。但在她们看来，遭受逮捕正是引起民众关注的最好手段。而且她们早有觉悟，一旦被捕便要作为殉道者赴死，于是毫不畏惧地进行了绝食抗议。

另一边，警方认为，她们当中哪怕有一个人如愿为名誉而战死，就势必会招致大众的愤怒情绪，于是开始用鼻饲管强行为绝食抗议的女性塞入食物，因此严重伤害了她们的身体。此举由一

英国妇女社会和政治联盟的活动。

“动口不如动手”（“DEEDS NOT WORDS”），正是 WSPU 的标语。

位遭拘留的运动家玛丽·李公之于众，引发民众的强烈谴责，运动随之愈演愈烈。

即便如此，这些抗议行为也丝毫没有撼动政府的态度。于是，意识到这一点而越发焦急的 WSPU 成员们选择采取更加激烈的行动。

潘克赫斯特夫人被捕，
运动的激化与走低

此前，潘克赫斯特夫人每次出现在公共场所时都会有 30 人左右的精锐保镖队伍将她围住。她们的裙下都藏着棍棒，用各种方式保护潘克赫斯特夫人，避免她遭受逮捕。

潘克赫斯特夫人等人被逮捕后，一位名为玛丽·理查德森的运动家进入国家美术馆，用刀子割开了出自西班牙画家委拉斯开兹之手的名画《镜前的维纳斯》。她宣称："我要毁掉描绘神话史上最美女性的画作，这是我对你们妄图毁掉现代史上人格最美的潘克赫斯特夫人的抗议。"

紧接着，1913 年，一位名叫埃米莉·戴维森的 WSPU 成员冲进国王驾临的赛马场，随即葬身国王的马蹄下。

第一次世界大战的打响使争取女性参政权的运动进入休战状

态。潘克赫斯特夫人既是女性主义者，同样也是热诚的爱国者。她倡议，祖国面临危机之时民众应团结一致，眼下并非在内部宣扬不同主张的时候。

事实上，在和工人运动合作这方面，潘克赫斯特夫人始终持怀疑态度。她和女儿克里斯塔贝尔更倾向于优先争取上层和中产阶级女性的参政权，她的另一位女儿西尔维娅则坚持将女性权利与工人阶级的斗争联合起来。最终，潘克赫斯特夫人一家所领导的、来势汹汹的女性参政权运动，还是被工党吸收成为其方针策略的一环。

英国最早采纳女性参政权的是工党，到 1917 年，女性参政权已经成为超党派的方针，实现它只是时间问题。翌年，英国以一种稍做限制和改变规则的形式采纳了这一倡议，1928 年时则彻底将参政权赋予了女性。

然而，想要实现女性参政权的中产阶级女性主义者此时却陷入了一种认同危机：自己的主张被采纳了，期盼许久的女性参政权实现了，世界却并没有发生多大变化。本以为女性拿到参政权后，国家会陆续出台许多与女性相关的政策，事实却恰好相反。很多女性根本不愿意行使这一权利，积极参与到政治之中。当女性主义者们因达成目标而兴奋之时，普通女性对政治的冷漠却好似一盆冷水当头浇下。这些女性主义者的热情顿时被扑灭，女性主义运动的第一波浪潮也自此偃旗息鼓。

第二章

“麦当劳化”和自由主义女性主义
——女性主义第二波浪潮

1　“理想生活方式”的诞生

美国，物质生活丰富的国家

20 世纪，我们走进了一个充斥着物质的时代。

20 世纪 60 年代，日本进入经济高速增长期，整个社会也走进了物质丰富的时期。欧美国家更是抢先一步，展开了生产力革命。

福特公司以革新气质著称，就像是今天的特斯拉。特斯拉推出的电动汽车对汽车工业来说是颠覆性的，同样，当时的福特公司也引发了一场被称作“福特主义”的汽车产业革命。

在当时，汽车还是只有富裕阶级才买得起的高级商品。然而，在亨利 · 福特（1863—1947）首次采用流水线生产方式，颠覆了原有的汽车生产方法后，情况发生了改变。

汽车在传送带上移动着，劳动者们将各种零件组装上去。这种方式将汽车的制造过程细分化、单一化，如此一来，就算不是熟练工也能从事汽车制造这一行业。于是，大批量生产的方式由此而生，这也正是20世纪资本主义生产方式的一大特征。至此，社会经济进入了高速增长期。福特T型汽车的生产数量从1908年的不满7000台飙升到1923年的突破220万台，翌年也超过了200万台。随着产量的增加，定价也一路下滑。1908年一台福特T型汽车的价格是860美元，1913年跌至600美元，到1922年时已经跌到了300美元。

到这一步，福特公司算是完成了让供给方大量生产的步骤。接下来便要开始刺激需求，让民众产生购买欲望了。他们积极进行海量宣传，掀起了一场市场营销革命。也正是从这时开始，拥有一件物品不再是简单地为了获取某种便利，而是变成了地位的象征。

与此同时，福特公司的工资水平也在上升。1914年，福特宣布员工每日的薪水为5美元。这个金额高于当时市场价的两倍，引发了社会轰动。因为推行流水线组装的模式，熟练工的价值相应下降，招致了大批员工的不满和离职。之所以选择大幅提高工资，则是福特为了稳定公司内的劳动力而推行的政策。

每天能拿5美元，一年的收入就超过了1000美元。在当时，这个程度的年收入足够维持一个蓝领家庭一整年的开销，并且还能额外购入一台福特T型轿车。

就这样，大批量生产、低廉的售价、高工资，这三点组合在一起，满足了高度经济增长所需的必要条件。高薪劳动者通过购买价格逐渐低廉的消费品而产生了大量的消费。供给方的大量生产由需求方的大量消费支撑，再进一步导致过剩的产量和多余的消费。供给方和需求方彼此令人目眩地互相影响，最终塑造了一个物质极度丰富的时代。

然而这一现象的背后，却是压迫肉体和精神的“整齐划一的劳动”。流水线作业非常单调，会让劳动者产生一种自己只是机器中的一个零件的错觉。即便如此，为了维持不断上升的生活水平，为了支付分期付款买下的消费品，他们还是不得不继续拼命劳动。

逐渐“麦当劳化”的社会

2016 年，一部名为《大创业家》的电影上映，讲述了麦当劳公司创始人雷 · 克洛克的故事。

1954 年，克洛克正做着推销员的工作，整日上门推销他自主研发的奶昔搅拌机，销量却并不大好。正在这时，他突然接到一家汉堡店的大量订单，于是便带着自己的产品拜访了那家店。在那里，他看到一份汉堡的制作被细分成烹饪饼皮、烤制肉饼、摆放酸黄瓜片和浇酱汁，整个流程的步骤各有对应的责任人来进行作业。克洛克一眼就从这种高效的运营方法中看到商机，于是马上说服经营该店的麦当劳兄弟理查德和莫里斯，拿下了经营权。

虽然这部电影主要表现的是贪婪的克洛克和麦当劳兄弟的对立，但麦当劳兄弟创造的细分化、分工化、单一化的生产方式，和克洛克的经营手法本身是相互契合的。克洛克就这样复制了麦当劳兄弟的模式，不断开设分店，最终将一间小小的汉堡店扩散到了整个美国。

麦当劳象征着大食量的美国饮食文化，同时也成为在保证一定品质的基础上进行大量生产的象征。20 世纪，整个美国社会都在逐渐地“麦当劳化”。

家庭主妇诞生

生产、消费的扩大化，逐渐上涨的工资，都赋予了美国男性更强的经济实力。现在他们不但可以养活自己，还可以养活妻子。但是，男性劳动者经济实力上涨的同时，女性劳动者的工资却始终处在极低的水平，一直没有变化，甚至连自力更生都很困难。在这样的情况下，女性婚后辞去工作回归家庭也就成了自然而然的趋势。“经济上抚养妻儿是男性的义务”这一社会规范就这样诞生了，妻子在经济上依赖丈夫的局面也成了必然。

美国的经济高速增长期，其实是一个人人都化身工作狂的时代。比起从事流水线机械化工作的“蓝领”，坐办公室的“白领”劳动时间延长得更多。原因之一就是在物质达到极大丰富的社会之中，人们的消费欲也无时无刻不在受着刺激。

可是，原因不单如此。这一时期，劳动本身也被神圣化了。周末也要继续劳动，坚持那种拿不到相应报酬的加班，这在当时统统被美化成了员工对工作的献身精神。

在美国，美化劳动的源头其实是新教徒的禁欲思想。不过，在受基督教影响并不大的日本，人们大多也认可这种克己奉公的做法。虽然两国的思想基础各有不同，但这些思想都被经营者加以利用，对员工进行诱导。就这样，“休息可耻，只有工作才能实现自己的价值”作为一种新的想法逐渐扩散开来。

“宽敞的家＋爱我的丈夫和孩子”套餐

美化劳动的思想换了一种说辞，也开始对主妇们产生影响。

在第一波女性主义浪潮掀起的时候，男性被描述成专制君主。然而，当那些认为“从属于丈夫是一种奴性的体现”并勇敢反抗的女性们拥有了一位“深爱自己的丈夫”，而不是“暴君”时，却瞬间改变了态度。“我们遵循自由意志，愿为深爱自己的丈夫奉献一切”，这种言论将结婚变成一种浪漫之举。如此一来，成为家庭主妇就不再是未能达到经济独立的女性的妥协，而成了她们主动选择并认同的结果。

最终，就像这一时代人们对工作的态度一样，主妇们也开始对做家务产生了一种自豪感。

把宽敞的家收拾得一尘不染；亲手制作点心，而非买现成品；把衬衫熨烫得板正挺括，好让丈夫每天都身穿平整如新的服装走出家门……随着工业化的发展，家务原本应该变得更加简单，但当时大家人为地把整洁和完美的要求提高到无以复加的地位，并以此视作评判妻子对丈夫爱情的标准。

奇怪的是，家务越变越多的同时，做家务的人却只剩主妇一个了。

在进入经济高速增长期之前，家中年长的孩子是承担家务、协助育儿工作的重要家庭成员，他们要负责照顾幼小弟妹。然而，如今孩子成了家庭全心全力灌注关爱的对象，原本的“小小劳动者”也成为需要被庇护的客体。换句话说，家庭成了养育子女的“温室”，原本可以分担家务或协助育儿的那个孩子摇身一变，成了和丈夫一样需要妻子去伺候的对象。

而且，之前在中产阶级家庭里普遍存在的家务协助者，也就是女佣们，她们的薪水也随着经济的高速发展而大幅上升，雇女佣逐渐成了奢侈。最终，所有家务全都落到了家庭主妇一个人的肩上。美观整洁的家庭环境，穿着可爱漂亮的孩子，都成了主妇们的骄傲。反之，如果做不好这些，主妇就会被贴上“不合格”的标签。

被赶进封闭空间的妻子们

做家庭主妇是一件孤独的事。井边会议[1]不复存在，主妇们失去了原本可以用来倾吐不安与不满的公共空间。在农耕社会中，亲戚之间有很多互相帮衬和进出彼此家庭的机会，家庭之间的边界也比现在模糊。然而，进入现代，核心家庭[2]的出现使家庭之间产生了十分明确的界限。

封闭的现代家庭将全职主妇同外界彻底隔绝开来。就像流水线上蓝领工人的劳动被当作是机器的一部分一样，主妇们的工作也遭到了极为严格和机械化的管理。同样，攀比着谁在工作中奉献更多的白领们，也把职场变成了永恒的竞技场。在职场这样一

---

1 指为打水或洗东西聚集在同一口水井周围的女人们聊家常或传闲话的行为。

2 由夫妇和未婚子女组成的家庭。

个重视“生产”的场所，大家会优先选择更符合市场主义合理性的选项。可是，在“再生产”，也就是在生育子女的情况下，人们却又好似要反抗合理性一般，追求着自身情绪价值的满足。家庭可以疗愈那些在职场终日厮杀的“企业战士”，为了让他们再上战场，家庭的存在缓解了战士的疲劳，为他们提供安宁与放松的环境。如果丈夫们想要袒露软弱，就需要在一个封闭的空间内完成。

如果说负责“生产”的职场是一个公共空间，那么负责“再生产”的家庭便成了私有空间，全职主妇则逐渐成为其中囚徒。如此一来，将家庭内部的秘密与外人共享变得不合乎常识，主妇们甚至连一个可以不时发发牢骚的同伴都没有。

20 世纪 50 年代，在物质丰饶的美国，不断增加的中产阶级家庭开始大批在郊外购买独门独院的房子。丈夫负责打点房子、车子等彰显阶级地位的象征物，妻子将对家庭的全身心投入作为回报。她们打扫宽敞的家，从烤箱里端出亲手制作的饭菜，把丈夫和孩子们都打理得整齐漂亮，更是将无限的热情灌注到孩子们的教育中去。

主妇们只能一边过着所谓的“幸福家庭”生活，一边按捺着难以言喻的不安情绪。她们面对的是只属于“我们”的城池、只属于“我”的地方，以及随之而来的，无人可以介入的孤立。

2　来自贝蒂·弗里丹的冲击

与女性主义不相容的
经济高速增长期

就在这时，饱含着主妇们抑郁和忧愤的著作横空出世——贝蒂·弗里丹于1963年发表的《女性的奥秘》。其中积蓄已久的炽烈怒火，足以融化女性主义运动寒冬中的一切冰雪。

经济高速增长期和女性主义始终水火不容。女性主义可以说是一种对资源再分配的主张，希望从女性身上过度榨取、进而分配给男性的资源能够回到正确的地方。可想而知，在整个社会的蛋糕都在逐渐扩大的时代，女性主义者的呼吁并不会打动其他女性的内心。因为即使不要求再分配，无论男性还是女性也都在变得富裕。要想女性主义的声浪扩大，必须等待女性的愤怒累积到一定程度。

经济高速增长期的体系和女性主义本身就呈敌对状态。20世纪90年代，日本更是出现了“工作生活平衡”（work-life balance）这样一个词。

社会进入经济高速增长期，男性成了一家的顶梁柱，承担起全部的“工作”，女性则成为全职主妇，负责一切“生活”问题。也就是说，主妇要包揽全部家务及育儿工作。这种性别角色的分工等于从物理和精神两方面，都将男性和家庭的关联性削弱到了最低。在企业看来，让员工把马力开到最大，全速运转地大量生产商品，才是理想的状态。另一方面，全职主妇彻底脱离办公室环境，只好通过购物来发泄内心的空虚。也就是说，全身心投入工作的丈夫成了负责大量生产的供给方，而依赖购物的妻子则成了支撑大量消费的需求方。就这样，二者搭配起来，促成了一个高速运转的社会。

而且，美国工会对女性劳动者的态度也极度冷淡。在美国，女性劳动者的平均工资要比男性劳动者低很多。工会为劳动者们争取更高工资时用到的标语是：“为养活一家人争取更多薪水！”所以，工会首先就会有“是女性劳动者用低薪抢走了男性的工作”的成见。为了让自己的诉求正当化，他们主张保持“妻子不劳动，一切靠丈夫”的模式，让男性负责家庭的经济来源，女性则配合做全职主妇。

不仅经营方，劳动者也对女性的问题毫无兴趣。在这样一个女性主义寒冬期，是弗里丹从全职主妇的忧郁这个角度切入，给原本已经固化的性别角色分工系统带来了巨大的震撼。

弗里丹道破家庭主妇的忧郁

《女性的奥秘》这本书，是弗里丹基于自身的懊恼情绪而创作出来的。

弗里丹出生于一个颇为成功的犹太家庭，一家人在物质方面相当富裕。弗里丹的母亲婚后辞去记者工作，完美地履行了家庭主妇的职责，精神上却始终无法得到满足。于是她和丈夫屡屡争

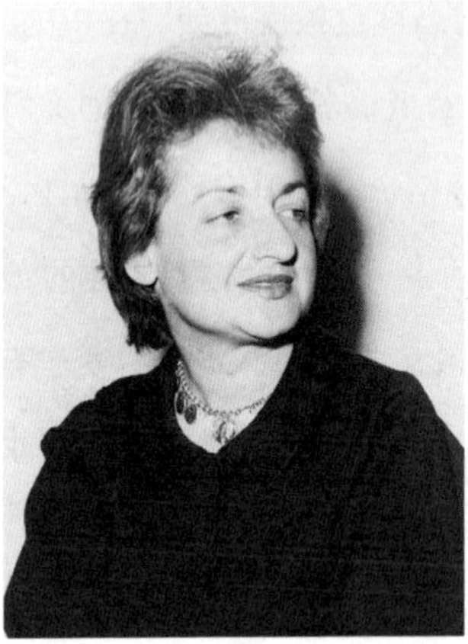

贝蒂 · 弗里丹
Betty Friedan（1921—2006）

生于美国伊利诺伊州。作家，社会活动家，女性主义者。她的一系列行动成了掀起第二波女性主义浪潮的导火索。1966 年，弗里丹成为全美女性组织（NOW）的共同创始人，出任第一任会长。

吵，迁怒子女，还开始沉迷于购物。

弗里丹本人婚后生育了3个孩子，后走出家庭，从事记者的工作。但因工作忙碌，疏于打理家务，招致丈夫的不满。在她出门工作期间，她的孩子不幸被烧伤，让弗里丹产生了极为强烈的负罪感。于是，有一段时期她曾认真思考是否应该辞去工作。

“一方面，我以自己的工作为傲。另一方面，作为一个母亲，一个妻子，我未能尽到义务。对此我怀有强烈的负罪感。于是，身为‘一介无名主妇’，我开始对束缚着自己伦理观的社会系统产生了疑问。”

其实，弗里丹并非“一介无名主妇”。身为自由撰稿人，她在当时已经拥有了一定的知名度。而且，她还毕业于被称为“女

《女性的奥秘》
（*The Feminine Mystique*, 1963）

弗里丹著。书中，她对“做主妇、做妻子，这就是女性的幸福”这一人们普遍的想法提出了异议。该书出版后成为销量超300万册的畅销书。

子哈佛大学”的史密斯学院，而在当时，哈佛大学是根本不允许女性入学的。1957年，弗里丹对自己的200名同窗展开问卷调查。调查显示，这些毕业于一流女子大学的高学历女性大多成了全职主妇。从物质方面看，她们都很富足。但要问到她们是否幸福，答案却是否定的。她们常年生活在一种慢性不安和情绪起伏之中。

通过了解其他女性的生活经验，弗里丹发觉，表面上看起来无忧无虑的美国中产阶级女性，实际上承受着难以言表的不幸。她们的苦恼并非来自贫困、疾病和饥饿这样的物质因素，真正的原因，就连她们自己也无法清楚地解释。但可以确定的是，她们都感觉自己是不存在的透明人，并且没来由地感到无力、疲劳。很多人为了控制这种负面情绪，甚至需要服用精神安定剂。弗里丹将她们的这种不幸命名为“无名的问题”。

在20世纪50年代的美国，女性会把因结婚而大学中途退学，或者大学毕业就去生育孩子的情况，都称之为去“工作”。有的女性因无法用母乳喂养而罹患精神疾病；有的女性把头发染得和金发女星一样，或疯狂减肥，追求模特体型；还有的女性明明得了癌症，仍因不想变得“中性”而拒绝服药……在这个时期，女性致力于追求女性气质、追求母性，大肆吹捧“主妇就是一门职业”和“消费女王”的概念。与此同时，内心却没有得到满足。结婚生子，住在郊外的漂亮小洋房里，只需要相夫教子，这明明应该是最理想的生活才对，为什么却无法感到快乐呢？

女人们身穿性感睡衣，等待无心搭理自己的丈夫归来。或把曾经投入工作中的热情转向对孩子的教育。她们相信，只要更有女性气质，更有母性光辉，便总能得到回报。她们就这样，被社会建构出来的理想的“女性气质”无止境地消磨。

明明直到20世纪40年代，女性还拥有很多的可能性，50年代的女性们却比以往更强烈地渴望着家庭和婚姻。于是，弗里丹开始进一步追寻这种“女性气质的神话”被建构的原因。

笼罩在20世纪50年代女性身上的不幸究竟是什么？

弗里丹调查了过去20年间美国女性杂志中女性形象的变迁。例如，20世纪30年代的杂志还在描绘“独当一面”的职场女性，后来却开始逐渐大肆宣扬“女性气质”，刊登起了诸如“女性气质从家庭做起”“家务是门生意”“让男人上钩的方法”等文章。这些杂志在为女性冠上“主妇”的称号、把她们推入家庭的同时，写出“政治才是男人的工作”这类宣言，塑造出家庭之外的公共领域应当完全由男性控制的印象。

弗里丹认为，虽然在经历第一波女性主义运动后，女性们拥有了独当一面、成为职业女性的权利，但是要在它和成为妻子及母亲之中二选一，大多数女性最终还是选择了一条依附男性的道路。在弗里丹看来，这离不开弗洛伊德理论的深远影响。

弗洛伊德理论诞生于对性高度压抑的维多利亚时代，其中存在一些争议和潜在的偏见。在 20 世纪 40 年代，弗洛伊德理论却作为美国女性的精神分析框架被直接运用，为“女性气质的神话”提供了一种看似科学的、宗教般的根据。

学校也在强调这种“女性气质的神话”。弗里丹在她的文章中说，受 20 世纪 50 年代至 60 年代性别观念影响的教育者们，往往硬把女孩子塞进“适合”少女学习的课程里，阻拦她们学习物理学、成为科学家，而逼着她们学习家政，以便将来能更好地胜任主妇之职。甚至还存在着歪曲科学的言论，认为女孩比起物理学更适合家政学。

就这样，当人类的探索范围已扩展到太空时，女性却被关进了家庭。如此一来，无法实现自我的女性，便把丈夫和子女当成自身地位的象征，强行将他们据为私有。一旦丈夫对妻子这样的行为表示厌烦或拒绝，她们便会把注意力一股脑放在孩子身上，过度干涉孩子。

为了斩断这种对女性气质的赞美风潮，让它不至于延伸到下一代，弗里丹宣称：“在身为一个女性之前，我们首先应该是个人，这一点绝不应被忽视。”她认为社会不该阻碍女性去追求作为一个人原本拥有的成长愿望，要让她们接受教育，获得报酬。只有这样，女性才能独立自强。

这本书之所以拥有如此大的力量，也是因为受到了时代的照拂。20 世纪 60 年代，社会的成熟程度已经能够接受这一冲击性讨论了。弗里丹的怒火仿佛沸腾的岩浆，为这个时代点燃了火焰。于是，类似的讨论纷至沓来，往昔无声的控诉也逐渐具体化。弗里丹在愤怒的同时还主动探寻了愤怒情绪的缘由：以最好的成绩毕业于女子名校，却嫁给一个彻底隐身的丈夫，自己要承担全部家庭责任，同时还不得不在撕裂人心的负罪感中工作。这算怎么回事！

弗里丹的愤怒迅速蔓延至整个美国社会，《女性的奥秘》出版后，一年之内卖出 30 万本，三年售出了 300 万本。还被译成 13 国语言，成为一本当之无愧的畅销名作。

3　20 世纪 60 年代，女性主义的复活

女人也需要“教育、薪酬、独立”

弗里丹的意识觉醒不单停留在案头，她还成功组织了大批女性开展活动。

1966 年 6 月的一天，来自全国各地的女性活动家们成功召开了“女性地位委员会全国会议”，齐聚一堂，举杯庆祝。她们举杯的地方，正是因出版《女性的奥秘》一跃成名的弗里丹暂住的某个旅馆房间。

此前，在女性主义的寒冬期，这些女性活动家们选择暂时离开讲台，不再公开讲话。但她们并没有放弃抵抗，转而成立地下组织，进行信息交换。在当时，女性主义者一旦被上司察觉其身份，就很有可能立刻遭到解雇。对于抵抗着巨大压力存活下来的活动家们来说，此次在弗里丹房间的会面让她们意识到，女性主

义终于有机会在阳光下拥有一席之地了。

时机终于成熟了。当总统就女性地位问题向委员会征求意见时，她们提交了一份早在1963年就已写好的名为《美国女性》的报告书。从内容上看，该报告书虽仍将性别角色分工作为前提，但它明确指出社会中广泛存在着女性歧视问题。这份报告书公开后在美国极为流行，为当时的社会带去了极大冲击。更多女性终于认识到，一直以来她们以为只是个体经验的那些不合理的情形，原来是对全体女性的歧视。

因委员会的报告书和“女性气质的神话”而觉醒的女性开始认识到，她们并不需要独自忍耐，而是应该大声呼吁，改变社会。如此一来，政治家们便再也无法忽视占全人类一半人口的女

Honoring Our Founders & Pioneers

Below are brief profiles of some of these women and men.

Gene Boyer, 1925-2003

Gene Boyer was one of the 28 women who gathered in Betty Friedan's hotel room on June 28, 1966, and participated in the discussion that inspired NOW. She served as NOW's national treasurer from 1968 to 1974, and was instrumental in forming the NOW Legal Defense and Education Fund (now Legal Momentum) in 1970, serving on its board and as its president. Boyer was a driving force behind the celebration of International Women's Year, established by an executive order signed by President Gerald Ford in 1975. Boyer was a lifelong feminist, and her activism spanned working for the Equal Rights Amendment, sexual assault reform, marital property reform, reproductive rights, sex education, and stopping violence against women and girls. Boyer founded the Jewish Women's Coalition in 1995 and, always prescient, established an online listserve and contributed regularly to JWC's email alerts and advisories long before the Internet was a primary mode of communication.

Kathryn Clarenbach, 1920-1994

Kathryn Clarenbach was one of the NOW founders who participated in the first meeting in Betty Friedan's hotel room and recruited others to attend. She was on the temporary steering committee that made preparations for NOW's founding conference in October 1966, where she was elected Chair of the Board. A political science professor at the University of Wisconsin, she "forged the link between the emergent women's movement and traditional women's organizations." In 1981, Kay served as president of the NOW Legal Defense & Education Fund (now Legal Momentum). She was a founder of the National Women's Political Caucus and of the Wisconsin Women's Network. She served as executive director of the National Women's Conference in Houston in 1977. She developed continuing education courses for women through the University of Wisconsin Extension until her retirement in 1988. Wisconsin NOW named her Woman of the Year in 1990.

Inez Casiano, 1926-2011

Inez Casiano was a member of the first National Board of NOW, elected in October 1966. Casiano had been a director of a direct market research company in Venezuela. Moved by her passion for human rights, Casiano left her career in market research to dedicate herself to the empowerment of marginalized communities in the U.S. In the year of NOW's founding, she was at once engaged in feminist organizing and involved in the planning of the White House Conference on Children and Youth. Casiano had to resign from the board when she joined the EEOC staff, where she wrote a program for unions for Hispanic Americans. She later worked for the Department of Labor, ultimately becoming a division chief in the Job Corps. In the 1970s, she co-founded the National Conference of Puerto Rican Women, now the National Puerto Rican Coalition. Casiano lives in Arizona and has been a lifelong advocate for youth, a champion of social and economic justice, and "equal parts feminist and civil rights activist."

全美女性组织（NOW）于1966年成立，至今仍致力于提高女性地位，持续活跃。在NOW的主页上，记录着49名创始人和先驱者，以及整个团体的历史。

性的呼声了。在肯尼迪总统遭到刺杀后，他的继任者林登 · 约翰逊总统与弗里丹会面，希望利用弗里丹的知名度为自己 1968 年的总统大选拉票。林登希望能录用女性进入政府部门，还请弗里丹制作了一份候选者名单。弗里丹便借由制作名单的工作，和那些在女性主义寒冬期默默奋战的地下组织进行了接触。1966 年 10 月，全美女性组织（National Organization for Women，简称 NOW）最终成立。

自由主义女性主义的大跨步

在书中自称“一介无名主妇”的弗里丹，实际上是一个相当卓越的女性。就读史密斯学院时，她在当时首屈一指的心理学学者门下主攻心理学，毕业后又在加利福尼亚大学伯克利分校继续学业。弗里丹不单以最优秀的成绩从史密斯学院毕业，毕业论文还被刊登在了当时权威学术刊物上。她的成绩如此优异却未能继续博士学业、成为大学教授，是因为犹太人和女性的双重少数群体身份为她的前程蒙上了阴影。

弗里丹不但头脑清晰，组织能力和行动力也是一流。高中时期她曾和友人一起创办同人刊物，后来还做过史密斯学院学生新闻的主编。20 世纪 40 年代，她曾以劳动记者的身份参与激进的劳动运动。弗里丹还曾在地方上组织过总统选举活动。她在怀上第二个孩子时辞去了记者工作，但始终保持着旺盛的精力。一旦找到可以释放能量的地方，她就如鱼得水般在广阔的海洋中自由遨游。

NOW 在成立之初只有 300 个会员，转眼间会员人数就达到数万，逐渐发展成全美最大的女性运动组织。起初，NOW 主要是向政府提出诉求，要求废除“空姐满 30 岁必须结婚离职”的规则。后来，她们在弗里丹的带领下，开始进入男性专用饭店或酒吧静坐示威。记者出身使弗里丹得以聪明地利用媒体，虽然做媒体的人大多对女性运动嗤之以鼻，弗里丹却把媒体当成向民众传达思想的重要道具，因此非常积极地召开记者见面会，也会把组织集会的信息通知给媒体。

NOW 的核心成员是一些从事管理岗位和专业岗位的中产阶级精英女性。她们将资本主义、核心家庭这些既存制度作为前提，向政府施加影响，希望达到废除性别歧视的目的。这意味着她们接受政府和议会等既定制度的存在，也就是说，她们的目标是“改良”现行系统中存在性别歧视的部分，而非彻底的“改革”。她们将人的尊严视为根本立场，这种思想也被称之为“自由主义女性主义”。

自由主义女性主义在一定程度上脱离了老派女性主义的家长作风。比如，弗里丹本人就支持堕胎。在当时，这是一种相当具有革新性的观念，却也成为一些与她的观点相悖的女性主义者最终离开 NOW 的原因。然而，弗里丹始终坚持强调女性的自我选择权，这促进了旧有女性主义的蜕变。

1970 年 8 月 26 日，弗里丹作为精神领袖引领的 NOW 运动在“为争取女性平等的大罢工”中达到了最高潮。

当时，主流媒体坚信女性主义只有极少数的支持者。为了证明这一观念的错误，NOW 在全国各大城市开展大规模游行，数万名女性参与其中。虽然警方发布了禁令，她们仍手挽着手，高昂着头，在主干道上浩浩荡荡地前行。她们内心充满了要将女性主义推广到全世界的责任感和昂扬的斗志，而被惊人的游行人数震撼的媒体，从此也端正态度，开始认真报道起女性主义运动的

“为争取女性平等的大罢工”运动海报

该运动由全美女性组织（NOW）主导，后发展成全美第一大游行活动。之所以将罢工日选在 1970 年 8 月 26 日，是因为宪法修正案第十九条在 50 年前的 8 月 26 日开始生效，美国各州的女性终于在这一天正式获得了实质性的参政权。

相关事迹。

然而，在运动浪潮高涨的同时，退潮的征兆也已暗暗产生。自 20 世纪 70 年代，NOW 的内部就出现了稳健派和激进派两派。这两大势力在组织内长期对立，争斗不休。激进派以废除婚姻制度为首要诉求，同时还是一个女性同性恋组织。在 1974 年召开的大会上，一名高呼“革命”口号的激进派成员被推选为 NOW 的会长，稳健派试图阻止激进派对 NOW 的掌控却最终失败。也就是说，此时的 NOW 已经无法维持组织内部的团结了。

至此，弗里丹带来的女性主义复兴、开创自由主义女性主义的时代迎来了第一阶段转折点，此后将由新的一代继续推进女性主义的发展。

第三章

激进女性主义的诞生
——女性主义第二波浪潮
（20 世纪 60 年代后半叶）

1 “妇女解放运动”的萌芽

矛头直指“性存在”的激进女性主义者

第二波女性主义浪潮的源头思想，来自1949年西蒙娜·德·波伏瓦在法国出版的《第二性》。

“女人不是天生的，而是后天形成的。”

在日本，这句写在《第二性》篇头的话可以说是广为人知。《第二性》的第一部是《现实与神话》，第二部是《体验》，但日文译本颠倒了第二部和第一部的顺序，所以这句原本出自第二部篇头的话就成了更令人记忆深刻的名言警句。

单看这句话我们会发现，它其实是将生理性别（sex）和社会性别（gender）区分开了。波伏瓦认为：只有将性别设定成一种社会的、文化的产物，而非生物学层面上的形态，女性主义才能实现范式性的转变。《第二性》被奉为“女性主义圣经”，时至今日，它的光辉也未曾暗淡。

可以说，20 世纪 60 年代的自由主义女性主义强调了社会性别的平等观念，将男女在生物学上的差异缩减到了最小。另一边，60 年代后期逐渐沸腾起来的“妇女解放运动”（women's liberation movement），则将性存在（sexuality）视为核心问题。

和其他发达国家一样，美国的妇女解放运动也是从新左翼运动中诞生的。新左翼运动兴起于 20 世纪 50 年代末至 70 年代，主要针对传统左翼的局限性，强调文化批判、个人解放、反战、反种族歧视等议题。当时，学生运动担负起了公民权运动和反越战运动的核心任务，同时也孕育了妇女解放运动。

公民权运动是以著名的“罗莎 · 帕克斯[1]事件”为契机开展

1 罗莎 · 帕克斯（1913—2005），美国黑人民权行动主义者。1955 年，她因在巴士上拒绝让座给白人而遭逮捕，引发蒙哥马利巴士抵制运动。美国国会后来称她为“现代民权运动之母”。

西蒙娜 · 德 · 波伏瓦（左）
Simone de Beauvoir（1908—1986）

哲学家，社会理论家。作为一名女性主义者，她自身的生活方式以及她的理论，都对社会产生了极为深远的影响。图为她和哲学家萨特（右）。

起来的。1955 年，在马丁 · 路德 · 金牧师的领导下，蒙哥马利巴士抵制运动拉开了公民权运动的序幕。五年后，为反对歧视黑人的行为，四名黑人学生在北卡罗来纳州格林斯博罗市的一家白人专用餐馆静坐示威，这场运动也很快蔓延到了全美。

学生运动的方式包括静坐示威、在罢工运动的场外组织守卫线来进行罢工宣传并阻止活动破坏者，等等。虽然他们采取的都是不持有武器的非暴力斗争，但通过自己的身体直接表示抗议，本身就具有很强的挑衅意味，大多也都引发了现场冲突。实际上，抗议者因种族主义白人施加的私刑而丧命的事件也在不断发生，参加这些运动需要拥有字面意义上的“拼命”的勇气。

1961 年，美国掀起了“自由骑士”（Freedom Riders）运动，抗议州际巴士中的种族歧视现象。公开抨击按人种区分座位的规

《第二性》（*Le Deuxième Sexe,* 1949）

波伏瓦著。该书主要讨论了“什么是女性”的问题，揭示了长久以来女性被视作从男性剥离出来的“第二性别”的现象，分析了女性所遭受的待遇，是一部倡导性别平等的著作。

定，并直接向联邦政府提出了抗议。这场运动的影响，逐渐向美国南方黑人的选民登记运动扩大。

1964 年夏天，以北方的白人学生为主体的数百人深入密西西比州等地的南方农村，协助当地黑人进行选民登记，这一大规模运动被称为“自由之夏”（Freedom Summer）。运动的起因是选民登记制度阻碍了黑人的选举权，与此前在大城市展开的运动不同，这场运动需要潜入偏远的南部地区，风险非常大。实际上，当时仅密西西比一州就有 15 人被杀害，还有超过一千人遭受不当逮捕。

组织者们在美国北部的精英大学招募成员，经过层层选拔确定人选，然后将他们派往南部。这么做是出于一种冷静的计策：既然在南方针对黑人的施暴无法激起水花，那么，如果受到暴力

公民权运动中的一幕。这是一场反对种族歧视的大游行，参与者们从亚拉巴马州的塞尔玛出发，向蒙哥马利行进。站在游行队伍最前面的，就是公民权运动的领袖马丁·路德·金牧师（左）和拉尔夫·阿伯纳西牧师（右）。（1956 年 3 月 22 日）

的对象换成白人，就必定能引发全美的关注。他们非但无惧成为靶子，甚至将“成为靶心”作为运动目的。这种为公民权运动献身的英雄主义气概，吸引了不少年轻人的加入。在这一时期公民权运动的组织里，大家像一家人一样亲密友爱，始终秉持任何选择都要征得全员同意的方针，有着民主的风气。正因如此，女性也有了成为领导者的可能。玛丽 · 金和凯西 · 海顿便是其中两位极富代表性的领导者。

20 世纪 60 年代后半叶起，美国各地纷纷展开了反越战运动。这张照片记录下了当时在华盛顿开展的一场反战游行。画面中的游行群众从林肯纪念馆出发，正在向五角大楼走去。（1967 年 10 月 21 日）

金和海顿指出新左翼的矛盾：性别的角色分工

有时，一些组织还会让女性参与者站在前线，试图缓和抗议活动中遭受暴力的激烈程度。女性能够在组织里取得领导地位的同时，也意味着她们不会受到任何特殊对待。事实上，女性在运动中同样会被送进监狱，在拘留所遭受强奸和性虐待，比起对男性的伤害有过之而无不及。

这场不惜自我牺牲的英雄主义斗争吸引了大量学生加入，而随着入会人数增多，组织逐渐将女性排挤到了边缘。她们旁观着高谈阔论的男人们，为他们端茶倒水、做饭、打扫卫生。也就是说，在学生运动中，性别角色分工被再生产了。

金和海顿对这种现象倍感忧虑，于是起草了一篇文章以谴责学生运动中歧视女性的现象。结果，她们的文章不单遭受了男性的批判，还受到了黑人女性的质疑。在许多黑人女性看来，种族歧视问题远比性别歧视问题严重得多。她们认为不应该把关注的焦点转移到女性问题上，以防影响运动的统一性。

这样一来，那些想要引发讨论的女性的声音就被忽视了。美国黑人社团黑豹党的党首斯托克利 · 卡迈克尔甚至声称其党内女性成员只是在“躺着”，这样的说法也暗含着性意味。备受尊敬的领袖竟发出如此言论，这无疑给女性带来了更多的痛苦。

“快给参加示威游行的男人做饭去吧！”

随着学生运动组织的不断扩大，性别角色分工也在日益固化。

学生运动推崇在组织内部进行高水平的辩论，而白人男性一边以平等作为奋斗目标，一边又在面对女性和黑人时抱有智力上的优越感，这种矛盾随着运动的发展日益突出。为了在运动中争取一席之地，很多参与运动的女性不得不化身为温柔“母亲”的角色，整日为参加示威游行的男性做饭。也有一些人会选择给一些被选拔出来的、有能力的男性领袖做妻子或伴侣，以这种方式得到一定的“尊重”。甚至还要在听到男性领袖说“今晚把你的公民权给我吧”的时候，被迫充当他们的床伴。

鉴于运动的目的是为黑人争取平等权利，对于黑人男性的邀约，很多白人女性便微妙地难以拒绝。而黑人女性又对白人女性的这种态度深恶痛绝，于是，运动中的女性又被分裂成了黑人女性和白人女性两方。

是母亲，是圣女，还是娼妓？在这场以男性为主体，充斥着男性凝视的民权运动中，女性非但没有占据主角之位，还遭受了客体化的对待。

在这样的背景下，金和海顿整理出一份记录，对女性在运动中的地位提出了质疑。她们还举办了只有女性参与的“女性问题”研讨活动。在讨论的过程中大家认识到，那些迄今为止一直被当作是个例的不满情绪，其实源于全体女性的共同遭遇。

2 “个人的就是政治的”

韦伯与费尔斯通脱离新左翼运动

“个人的就是政治的。”

这是第二波女性主义运动最具代表性的标语，也是女性主义运动的原动力。女性逐渐认识到，她们迄今为止感受到的悲哀或愤怒并不是因为她们自己缺乏常识和行动力，也并非某一个个体的问题，而是社会问题在每个人身上的具象化。质疑社会结构的不平等没什么好羞耻的，只是一种合理的诉求。就这样，弗里丹曾提到的那个“无名的问题”终于拥有了一个明确的目标——女性解放。

1967 年，芝加哥召开了一场有关新政策的国家会议，女性相关的问题被列为最后一个讨论议题。焦灼的女性活动家们苦苦等到会议尾声，可就在这时，一个美国原住民却突然发言：“我认为印第安人的问题遭受了忽视！”顿时，整个会场陷入混乱。几名女性活动家在慌乱之中冲上台，试图尽快发言讨论原定议题，可会议主席却说：“冷静点吧，姑娘们！这些问题可比女性解放重要。”随后便禁止她们再次发言。

此前，女性活动家内部也存在诸多分歧。以玛丽莲·萨尔茨曼·韦伯（1942—）为首的一派认为女性运动应该和新左翼学生运动达成合作关系。而以舒拉密斯·费尔斯通（1945—2012）为首的一派则认为女性应该独立展开运动。

在 1967 年的大会上，韦伯刚要上台就“女性解放”的主题发表演说，台下的男听众就开始大声喧哗，喊着：“干她！”“把她从讲台上拉下来！”“找个巷子强暴她！”费尔斯通此时站了起来，指出“你们这些高喊革命的男人，不过是在追名逐利罢了”。顿时，整个会场被男人的怒骂声所笼罩。此种氛围之下，此前一贯主张和男性携手斗争的韦伯也下定决心，脱离学生运动的组织。此次会议之后，费尔斯通则成立了名为“纽约激进女性”（New York Radical Women，简称 NYRW）的组织。

此后，新左翼学生运动失去了联合女性活动家的机会。而那些曾经将与黑人活动家合作视为英勇行为的白人男性，也拒绝再和女性一同战斗。其实，当时的新左翼运动本身就已丧失了最初“改变世界”的昂扬斗志。失望的女性主义者从中脱离，着手开展属于她们自己的女性主义运动，妇女解放运动就此萌芽。

进一步分裂，好奇的目光

妇女解放运动刚刚诞生时，内部尚存在着合作派和独立派的对立问题。合作派以马克思主义思想为依据，认为斗争的范围不应局限于女性主义，而应拓展到对以资本主义为内核的企业及国家的批判中去。独立派则认为，妇女解放运动最应该重视的还是女性在社会、文化方面所遭受的歧视，“革命”应该在日常生活中展开。

马克思主义聚焦于劳动，激进派女性主义却将性存在看作焦点。经历了新左翼运动的女性主义新旗手们，都是坚韧不拔的斗士。她们发挥惊人的行动力，吸引了媒体的关注。

1968 年，400 名女性主义者在新泽西州大西洋城每年都会举办的“美国小姐选美比赛”上发表抗议，她们认为对女性外表的评头论足是对女性的物化和蔑视。组织这次抗议游行的团体，正是 NYRW。创始人有费尔斯通和罗宾 · 摩根（1941—）等人。

NYRW 的成员对新左翼运动中蔑视女性的男性活动家心怀怒意。她们发放写有“姐妹情谊力量大”（Sisterhood is Powerful）的手册，呼吁女性团结。这句话也成了妇女解放运动初期的口号。

聚集在大西洋城的女性主义者在活动中手举标语，控诉选美大赛好似一场家畜品评大会。她们还牵来绵羊，给它加冕，并将胸衣、束腰、高跟鞋称作“女性的拷问道具”，把它们统统投进了“自由的垃圾箱”——起初她们甚至准备点火将其烧掉，但没有获得许可。

然而，一般民众并不能理解这种行为的来龙去脉，媒体也只是在报纸标题上写着“烧胸罩的人”以博人眼球。在此之后,“烧胸罩的人”一词甚至成了过激行为的象征。

3　将性的不均衡理论化

《性政治》：性行为中的支配与从属

从实践开始萌芽的激进派女性主义，迎来了慢半拍的理论化。

1970年凯特·米利特所著的《性政治》可以说是阐释激进派女性主义运动的第一本理论书籍。《性政治》以她就读哥伦比亚大学时撰写的博士论文为内容基础，出版后一跃成为畅销作品。米利特主攻文学研究，她以文学中的性描写为起点，阐述了通常被当作是个人私事的性行为，实际上也存在政治属性。如果我们认同政治中存在一个集团支配另一个集团的权力关系，那么性关系自然也拥有政治属性。

米利特认为，所谓"性政治"就是男性对女性的支配。社会的一切权力：政治、官僚制度、宗教、军事、产业乃至科学领域，都由男性掌控。正是这种权力的垄断，构成了男性主导的父权制社会的根基。

米利特认为，男性掌控一切的思想并无生物学根据，而是起源于我们幼年时期的家庭教育。儿童通过父母对性的态度以及社会对性的认知，逐渐形成了属于他们自己的性别认同。随着年龄的增长，教育观念也开始发力：女孩子要去学人文社会学科，男孩子要去学科学、技术和商业。这种观念上的失衡进一步推动和强化了父权制结构。

这样看，米利特其实将家庭看作父权制的支柱系统。她认为家庭是父权制社会结构中离每个人最近的模式，被内化的家庭规范已经成为支撑行政、产业、军事等更大范围的父权制结构的基础。

而对父权制系统的学习过程，因为顺理成章地被搬上了家庭这样一个日常生活的舞台，所以几乎不需要动用武力去强迫就能完成。

第一波女性主义浪潮之后，女性的确赢得了参政权，然而整个社会并没有发生什么变化。米利特认为，之所以会出现这种情况，是因为女性主义者虽试图变革女性在法律和社会上的地位，却未能撼动更为基础的父权制本身。

妇女解放运动的实践者对米利特的观点表示了强烈的赞同。在此之前她们只能凭直觉感受不公的待遇，如今，她们的直觉第一次被理论言说了出来。同时，这个理论还指明了一个需要打倒的对象——父权制。于是，解放运动的浪潮愈发汹涌起来，米利特本人也参与其中，成为将运动经验转化为理论，并以理论反哺运动的第一人。

在很多人看来，米利特的分析在理论层面上算不上细致入微，也因此受到了以马克思主义为首的不同立场的批判。然而，米利特从性存在、婚姻、家庭，到政治、商业、学术等角度，都对“男性支配、女性被支配”的复杂机制进行了具体描述，为妇女解放运动提供了燃料。

《性政治》(*Sexual Politics*, 1970)

米利特著。该书严厉批判了社会及文学中普遍存在的父权制，提出“家庭”这一支柱系统构成了男性优势地位的社会基础。

《性的辩证法》：生殖功能差异是万恶之源

紧随《性政治》，费尔斯通于 1970 年出版了《性的辩证法》。它被视为激进派女性主义的理论指导书籍，获得了广泛关注。

自由主义女性主义往往从性别维度展开讨论，尽量忽略男女在生理层面的差异，而激进派女性主义却选择了直面女性的生理性别。作为激进派女性主义理论的基础，费尔斯通的这本《性的辩证法》重新阐述了马克思和恩格斯的唯物主义思想。

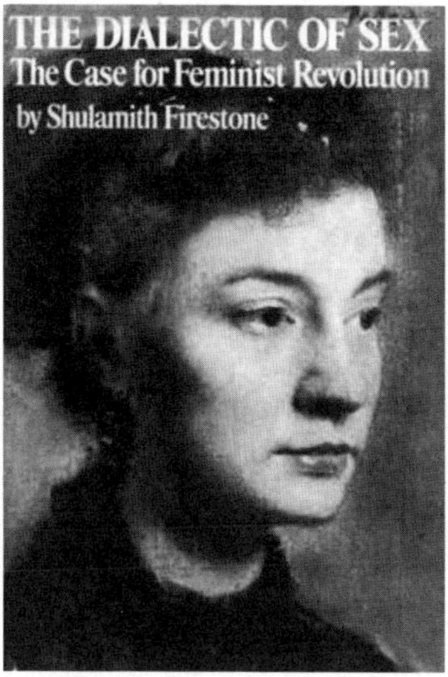

《性的辩证法》
（*The Dialectic of Sex*, 1970）

费尔斯通著。费尔斯通是加拿大裔美国人，也是一名激进派女性主义者。她于 25 岁创作本书，宣扬要根除并重组男性和女性的“性别阶级制度”，本书也成为女性主义经典著作。费尔斯通创设了诸多女性团体，如 NYRW 等，也参加了诸多抗议行动和政治活动。不过本书出版时她已经退居运动的二线了。

恩格斯从经济结构出发，分析了女性遭受的压迫。费尔斯通对恩格斯的分析方法表示了赞同，同时，她认为女性受到压抑的根本原因并非来自经济，而是来自生理性别本身。费尔斯通指出：男女生殖功能的区别，即女性要负责生育的这一事实本身，才是造成劳动性别分工的原因。这是一个能够追溯到史前时代的普遍事实。女性在怀孕期间没有能力抵御外敌，因此需要向男性寻求庇护。在孕期和育儿时期需要男性保护的这种观念一直延续了下来，近代的核心家庭也正是这一观念的继承形态。最终的结果是：只要女性为寻求男性庇护而结婚，那么她们就会被强制要求为男性生下孩子。这也导致了男性对女性生育的控制。

费尔斯通将男性和女性比作资本家和劳动者，认为男女关系就是一种阶级对立关系。她认为，整个世界的压迫根源，就来自男性（统治阶级）和女性（从属阶级）之间的矛盾。费尔斯通还认为，无产阶级革命垄断生产资料的同时，女性也必须争取对“生育资料”的控制权。也就是说，应该打破核心家庭，以一种中性的状态养育子女。费尔斯通还预言：随着科技的进步，男女之间生殖功能的差异对文化方面的意义将越来越小。例如，我们可以通过人工生殖将女性从妊娠这样一种野蛮的负担之中解放出来。

4　将枪口对准色情行业

法学家麦金农：现有法律都是男性的法律

激进派女性主义者不但站在性别认同的维度上剖析女性，还将目光投向了色情与卖淫的管制方面。安德里亚·德沃金和凯瑟琳·麦金农便是反色情运动的主要号召者。

在我们这些学习女性主义的人看来，麦金农就是大明星。我在法学院读书时曾参加过她一年一度的讲座，台下座无虚席，甚至很多人是站着的。我至今仍记得她披着挑染长发上课的模样，那发型看似随意却又极度精致。她那鲜明、独特的形象令人惊叹。

麦金农就读于美国最负盛名的法学院——耶鲁大学法学院，曾和希拉里·克林顿是同学。毕业后她很快就提出了关于性骚扰的理论，同时，这位早熟的天才在其作品中采取的批判态度也极为尖锐。她认为性骚扰是上司利用上下级之间的权力结构对部下进行的性剥削，因此可以在法律上将其归为基于男女权力结构不平等的性别歧视行为。

当年，为了完成一门法学院课程的作业，我阅读了麦金农的文章。读到“劳动之于马克思主义类似性存在之于女性主义，都是举足轻重的”，我感受到一种澎湃的喜悦，那种情感至今难忘。在我看来，以米利特和费尔斯通为开端的理论谱系，到麦金农这里终于圆满完成了。以此为出发点，麦金农探讨了性别歧视问题。

凯瑟琳 · 麦金农
Catharine A. MacKinnon（1946— ）

律师，密歇根大学法学院教授。作为一名法学专家，她主要围绕女性权益、性骚扰、色情、卖淫等性虐待、性剥削问题展开政治活动。

自由主义女性主义者认为的平等，就是对男女一视同仁。反之，肆意地对男女加以区别对待，就是性别歧视。对于这一观点，麦金农却不认可。她认为“对男女一视同仁”这样一种冠冕堂皇、看似中立的法律，其实是以男性为一般标准制定的。麦金农直指问题关键：这样的“平等”，不过是把女性硬塞进一个专为男性打造的模具里，本质上是“不平等”的。

此外，自由主义女性主义者认为社会性别差异源自生理性别差异，而麦金农却认为，社会性别差异是支配和从属关系的权力形态的体现。所以，她也和米利特、费尔斯通一样，将关注点放在性存在上，认为支配阶级和从属阶级都是后天形成的。她指出，自由主义女性主义者所谓的平等，只是对“肆意区别对待男性和女性的法律”所做的一点改良。麦金农认为的平等，是要对“原本以男性为基准的法律”进行根本性的更改。为此，她将着眼点放在了批判色情制品上。

强奸与性交，色情与卖淫

作为对色情制品批判的前提，麦金农将强奸和性交视作一种连续性的行为。在 20 世纪 70 年代，“强奸不是性交，而是一种暴力”的说法被广为传播。将强奸纳入连父权制也无法容忍的

“暴力”一栏，其实只是一种修辞方法，旨在倡导被害者不必感到屈辱，应该告发强奸行为。

然而，麦金农认为应将性交分成两个极端，一边是单纯的暴力，另一边是除暴力之外的普通性交，这种看法无视了男女之间密不可分的权力关系。在带有明确暴力和胁迫性质的性交以及隐含了权力关系的性交之间，往往还存在着无数非常复杂的状态。例如：一位女性很可能会无法抵抗手握人事权的上司的追求，或者一位女性被丈夫要求与其发生性关系，而她需要在经济上依靠丈夫，所以只能同意，等等。

紧接着，麦金农又将枪口瞄准了性存在之中最为极端的支配形态——色情与卖淫。

20 世纪 70 年代前期的美国非常盛行色情电影，如 1971 年上映的《热电路》《校园女生》和 1972 年上映的《深喉》。可以说，色情电影在当时已经被美国大众广泛接受了。针对这种管制极为宽松的情况，保守派和激进派女性主义这两个相反的派系，同时从完全不同的角度提出了抗议。保守派哀叹的是性秩序的倒退，而激进派女性主义则批判这些电影是对女性的性胁迫。

尤其是 1976 年上映的色情电影《严惩》，据传，担任主演的女演员是真的被杀死并分尸了。后来片方出面澄清这只是为了吸引眼球、达到宣传效果编造的假消息，这一番闹剧惹怒了女性主义者。她们认为：利用杀死女性的噱头博人眼球，其实就是面向大众宣传“对女性施暴属于一种色情”的价值观。就这样，在短时间内，保守派和激进派女性主义联起手，开展了反色情制品的运动。

一般而言，色情并非某种行为，它属于表达的范畴。即便我们不赞同色情思想，但只要它还在表达的范畴之内，就适用于广泛的“表达自由”准则，受该准则的保护。有些色情制品过度露骨，已超出了保护范畴，不过仍有诸多刊登裸体形象的杂志尚在“表达自由”的范畴之内，且形成了一大产业。

然而，在麦金农看来，色情制品已经超出了表达的范畴，进入了行为领域。

首先，色情制品是对成为被摄体的女性的性剥削。在大多数情况下，色情制品的制作方的确会和接受拍摄的女性签订合同。但麦金农认为，这些合同的签订并非基于一种平等的态度。比较典型的例子是美国大部分涉足色情产业的女演员生活环境都不好，和她们一起生活的男性大多是有暴力倾向的依赖型人格，一心想把她们卖进色情产业大赚一笔，方便自己吃软饭。还有一些女性几乎是被连蒙带骗才同意出演的。日本也出现过类似的情况，并且引发了广泛关注。2022 年日本还出台了相关法律，旨在帮助那些被迫出演成人影片的受害者。

接着，麦金农又表示：不单是被拍摄的一方，连看到这些影像的美国女性，也遭受了色情制品的性剥削。一些女性年幼时就曾被身边的成年人强迫观看过色情制品。有些妻子在和丈夫结婚后，还被捆绑在电视机前被迫观看色情制品，并被迫同丈夫发生和影像中相同的行为。还有一些极端案例，观看色情电影时，一些男性会嚷着“动真格的了！”，继而对女性实行强奸行为。基于此，麦金农反对“色情属于表达的范畴，受宪法保护”的说法。实际上，日本也出现过类似案例，案件中的施虐者在其继女年幼时就曾强迫其观看色情电影，随后更是开始了实际的性侵犯。

关于色情制品的管理，保守派主张出台针对猥亵的相关法律。麦金农则认为这样会构成性别歧视。在她看来，我们要做的不应该只是扩充既存的法律，而是摸索新的法律形态。

在明尼阿波利斯市，反色情条例曾在议会获得通过，引发了极大反响。可该市市长最终动用了否决权，令这一条例胎死腹中。此外，麦金农在各地积极推动的立法尝试也均告失败。同时，她还遭受了媒体和利益相关产业，乃至一部分女性主义者的激烈批判。这些批判在她的同伴安德里亚 · 德沃金身上似乎展现得更为猛烈。

作家德沃金壮烈的过往

身为作家的德沃金一直和麦金农合作，致力于抵制色情制品。

德沃金就读大学时曾因参与反越战运动而被投入监狱，还曾有人以检查为由，使用金属器具伤害了她的性器官。当她实名举报对方时，媒体却以一种讥笑嘲讽的态度报道了她的遭遇，德沃金因此遭受二次伤害，不得不选择休学。

后来，德沃金结婚并搬去荷兰。然而，结婚后的她遭到了丈夫的家庭暴力，暴力行为的一环就是逼迫她观看色情电影，让她以为女性就应该受到和片中类似的对待。

25 岁那年德沃金逃离了婚姻，无家可归的她只能靠卖淫为

安德里亚·德沃金
Andrea Rita Dworkin（1946—2005）

作家，社会活动家。曾在反战运动中被投入监狱，也曾遭受丈夫的家暴和虐待，后以一名激进派女性主义者的身份展开活动。她通过对色情、强奸等多角度的性暴力现象的剖析，对男性至上主义的社会进行批判。

生。她经受了无以复加的虐待，对身为女性的痛苦刻骨铭心，也因此成为激进派女性主义者，理所当然地被女性主义者发掘，和她们一起写书，投身激进派女性主义运动中。当时没有人比她更彻底地、体无完肤地批判性行为相关的女性蔑视了，但她也因为太过激进而招致不少批判。

激进派女性主义者认为，男女身份并不是由生物学上的性别决定的，而是在生理性别和社会性别同时影响下，才形成了“男性”这一支配阶级和与其相对立的“女性”这一从属阶级。从某种意义上看，“女性”存在的目的，只是为了让身为支配者的男性成为“男性”。例如，在日本的宝冢歌剧团，为了突出男役的存在，娘役必须把自己的音域抬高一个八度去唱歌。类似的，在社会之中，为了强化男性的强者地位，女性只能接受被迫扮演弱者的命运。

于是，麦金农等激进派女性主义者认定，性正是剥夺女性原本拥有的力量的罪魁祸首，在性关系中，女性和男性并不平等。男性往往会忽视女性的拒绝，强迫她们和自己发生性行为。而在这种强迫反复发生之后，女性甚至会丧失反抗的力气。就这样，每发生一次性行为，她们的意志就被摧毁一次，“男性支配、女性从属”的结构也因此逐渐强化。

这种结构在生活中也常有体现。举个例子：一个男生是足球部的王牌球员，学习成绩也不错，是学校里备受女生喜爱的人气王。为了能获得这位前途无量的男生的青睐，很多女生都会选择化身观众席上尖叫欢呼的啦啦队队员。同理，不少选择做空姐的女性也将飞行员视作择偶对象……类似的组合还有很多，比如律师和秘书，商业精英和前台小姐，等等。在激进派女性主义者看来，女性永远是"性感的辅助角色"，是被挑选的一方。拥有选择权的始终是男性，被挑选的女性则失去了自身的主体性。

第一次约会在电影院，第二次去兜风，第三次选择一家豪华酒店。男方摆弄着手里的客房钥匙问他的女伴：要不要再喝两杯？这个情境设定虽然有点老套，但男女之间的约会往往会向发生性关系这一步行进。据麦金农等激进派女性主义者的观点，性，对于男性的主体性和女性的客体性来说是一种决定性的存在。在性行为中，主导权始终由男性掌握。何时、何地、与何人发生性关系，大抵也都由男性决定，女性只能决定是否接受。有时，她们甚至只能选择接受，最终陷入彻底的被动之中。

在女性逐渐丧失主体性的过程中，她们时常需要通过男性视角来观察自己。就算这名男性不在，她们也会在头脑中刻画他的形象，思考着他想要些什么，以此为基准去判断事物。为了保持对男性的性吸引力，女性们放弃了舒服的打扮，改穿短裙，让线条优美的双腿露出来，甚至还会费尽心思将原本富有力量感的身材改造成柔弱且富有曲线美的模样。

就这样，女性开始逐渐勉力改变"轮廓"，将自己嵌入一个能够满足男性性欲的美丽框架。终于，她们把自己原本想要的东西都抛在了脑后，放弃了自身的主体性，彻底成为一个男性的完美性对象。

以上，就是激进派女性主义者眼中男性的支配。以性为支点，男性成为主体，女性则成为客体。因为性，“男性的支配和女性的从属”这一结构被固定化了。最终，男性的权力越来越大，女性的权力则不断地遭受贬损。

法律、习惯、常识……
改变男性视角下的规则吧！

男性占支配地位的结构蔓延到了全世界，乃至一切细微之处。也正因如此，激进派女性主义者才大声疾呼：世界上现存的一切“客观”基准（包括法律、习惯、常识），全部都被男性支配得扭曲了！而激进派女性主义者之所以激进，正是因为她们坚持否定这世上的“客观”。

激进派女性主义旗手麦金农曾出版过一本名为《女人的生活，男人的法律》的书。她在书中指出：世上的法律皆是在压制女性的基础上成立的。因为既有的法律本身就不平等，所以激进派女性主义运动并不呼吁“法律前提下的平等”，而是直接将重建法律本身作为目的，终极目标是推动社会本身的变革。由于这种主张从某种意义上讲过于极端，所以不单是男性，部分女性主义者也表示反对。

关于色情，德沃金如此阐述：“色情制品是男性支配的具象化，也是男性支配的基因。与性虐待有关的一切明确的规则和微妙的表达，种种常规或非常规的性压迫方式，都在色情制品中被符号化了。”

德沃金曾在密歇根大学法学院做过演讲。这位身材高大的女性用低沉而柔和的声音，讲述着男性支配的结构中女性失去容身之处的现状。身陷色情业的女性们只能获得微薄的酬劳，更多利益则被男性主导的产业结构所攫取。不仅如此，其他所有的男性都能把这场性支配当作媒介，加入针对女性的剥削结构中。“法学院的院长、教授、男学生……”德沃金一一举例，指出女性身边的任何男性，都有可能是潜在的加害者。

随后，她对着台下听讲的女学生们呼吁：“亲爱的姐妹，今晚你就可以拿出自己的机关枪，问问他们，这就是所谓的公平吗？这疑问会将我们自己的心也击碎。这公平吗？不要尊敬属于他们的法律，好吗？不要尊敬属于他们的法律。”

想来当时的现场一定弥漫着某种异样的兴奋情绪吧。“机关枪”不过是一种比喻，德沃金要借此表达的是，如果想破坏掉男性支配的结构，就不能依靠既存的法律，而应该从外部采取直接行动。这也非常生动地表现出了德沃金本人的激进性。

阅读这句话的原文时，我感受到了一种不可思议的强大力量。尤其是当德沃金对着所有遭受虐待的女性高呼“不要被左右，不要屈服，要质疑，要抵抗”时，这种呼吁是在告诉女性不要放弃自己本来拥有的力量，饱含着关切与忧思。看到坐在台下的女性，她或许想起了过去的自己，或许想要去拥抱她们的痛苦，和她们建立纽带。可与此同时，想要理解这套理论是很困难的，因为理论本身也无法脱离男性支配的权力结构语境。

这番思辨和关于疫苗的讨论有着类似之处。在美国社会，反对接种疫苗的人认为包括政府以及科学家在内的权威，都在和制药公司联手倡导民众接种疫苗，却巧妙地掩盖了疫苗的危险性以及接种疫苗可能带来的死亡风险。那些承认疫苗安全性和有效性的论文之所以比较容易被采纳，都是因为包含制药公司在内的权力机关作祟。另一边，主流的提倡接种疫苗的人又很难从科学角度去反驳反对者的说法，于是只能将对方斥为“阴谋论”。

对于激进派女性主义者也是类似的道理。越是有人反对她们的观点，她们便越是不反驳，而是指出“这不就是男性支配的权力结构的体现吗”，然后重新回到最初的问题，陷入永远的同义反复。恼怒的主流越是给她们贴上“阴谋论”的标签，她们就越发顽固，绝不妥协，逐渐只能得到一小部分人的支持，离大众越来越远。

意识觉醒

妇女解放运动并不像学生运动那样拥有一个核心组织，其中同时存在各种各样的团体，进行着形态各异的运动。大部分妇女解放组织以流动成员居多，基本由 5 到 30 人组成。女性主义活动家参与运动的时长平均为两年，缺乏连续性。一些疲于面向大众进行煽动性演说的活动家隐退之后，马上又会有一些经验不足，但热情高涨的新面孔填补进来。不过，大家的活动时间整体来说都比较短，团体自身的存续时间也很短。而且这些团体大多是一些人员结构比较松散的小型组织，和学生运动那种强大的组织相去甚远。

在这些人数较少的团体中，成员们常会用到“意识觉醒”（consciousness raising）的方法。即借着成员之间的亲密气氛，一起探讨日常生活中作为女性的各种体验。比如从孩提时代到结婚的经历，或者性方面的话题，等等。

1969 年，费尔斯通在纽约组织的女性团体中就进行过这样的实践。为了避免在运动中产生论资排辈的问题，每个小团体的总人数被限制在 5 到 15 人之间。组织者还特别设置了为期 3 个月的“意识改革期”，在这 3 个月里，团体成员要阅读女性主义相关图书，据此展开数次讨论，随后才能拿到正式的身份。

虽然意识改革运动本身早早就夭折了，“意识觉醒”的方法却为激进派女性主义的理论构筑提供了养料。通过意识觉醒的实践，大家注意到了此前并未察觉的一些潜伏于日常生活之中的女性歧视问题，面对内化于自我意识之中的男尊女卑思想，也产生了主动克服的念头。这些都体现了“个人的就是政治的”这一口号的真正意义。由此，女性问题也从私人问题被提升为亟须得到解决的政治问题。

尽管以大众媒体为代表的普通民众很难理解妇女解放运动，女性主义这个主题却在学术界站稳了脚跟。不过，这也意味着从新左翼运动中获得生命力的妇女解放运动失去了革新的能量，本身也被收编到了体制之中。

第四章

马克思主义，女性主义的希望
——女性主义第二波浪潮
（20 世纪 70 年代前半叶）

1 女性主义与马克思主义的婚姻

关注“剥削”，“从压迫中解放”

激进派女性主义者将马克思主义理论中的“劳动”改称为“性存在”，以这种理论武装自己。也就是说，她们借助马克思主义的工人解放理论来实现将妇女解放“理论化”的目标。比起激进派女性主义者，马克思主义女性主义者对马克思主义理论的借用则更为直接，她们主要关注的是“从压迫中解放”。

马克思主义者呼吁大家通过“无产阶级革命”的手段，将工人从资本家和工人这两个阶级间的剥削关系中拯救出来。激进派女性主义者则高举“性革命”大旗，试图将女性从男女之间的剥削状态中拯救出来，她们认为这种剥削，正是性支配的结构导致的。然而，这些二元对立的论调各有其局限性。

激进派女性主义的理论基础可以在弗洛伊德理论中找到原

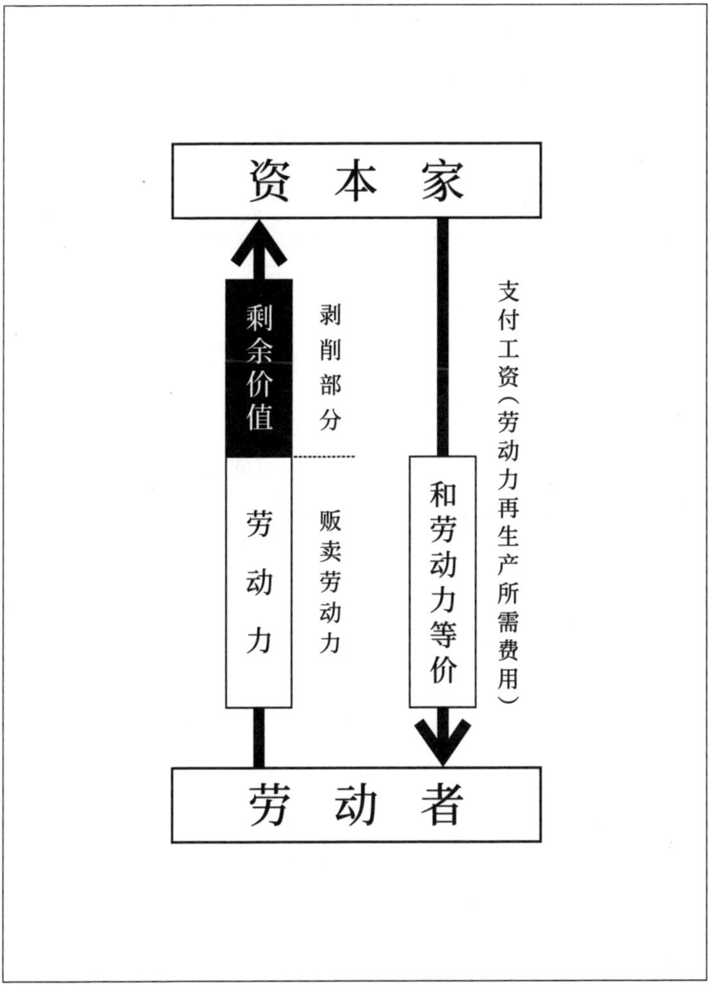

本图展示了资本家和劳动者之间产生的剥削。马克思主义女性主义者认为，如果将图中的场所从市场迁移到马克思主义忽视的家庭之中，我们会发现，男性（资本家）和女性（劳动者）之间也存在类似的剥削结构。

型。弗洛伊德认为，所有年幼的男孩都会产生俄狄浦斯情结，即对作为异性的母亲产生性方面的爱恋，并对母亲的伴侣，也就是他们的父亲产生反抗心。对母亲心怀执念的男孩会惧怕父亲，担心自己被父亲阉割。那么，究竟要为了追求母亲而对抗父亲，还是选择和母亲一样，对父亲言听计从呢？如果一个男孩想跨越这一困境，他就要舍弃近亲相奸的欲望，和双亲分离。女孩虽然和男孩一样对母亲心怀执念，可她们不会对阉割心有不安，而是会逐渐察觉到自己已经“被阉割”了。不同于那些在对抗父亲和屈服于父亲之间不断摇摆的男孩，女孩只有屈服这一条路可走。由此她们也意识到了自身所处的劣势地位，渐渐被卷入性支配的结构之中。

然而，弗洛伊德的理论虽解释了家庭中存在的性支配结构，却并未倡导人们“从压迫中解放”，反而提倡大家去“适应”这种压迫。

马克思主义理论精致缜密，分析的对象主要是市场，家庭则远在其关注之外。在市场中，劳动者被不断剥削。而持续向市场“供给”劳动者的，正是家庭。

由此可见，马克思主义和激进派女性主义都存在不足之处。人们往往以为无产阶级革命能够实现公民的平等，事实上，无产阶级革命中的“公民”也被默认为是“男性”，就这一点而言和资产阶级革命并无区别。也就是说，即便无产阶级革命获得胜利，对于女性来说，在前方等待着她们的不过是另一次背叛。

在这样的背景下，马克思主义女性主义诞生了。这一派的女性主义者试图将马克思主义和激进派女性主义结合在一起。她们不但注意到在马克思主义定义的社会“市场”外部还有一个“家庭”的领域，还试图用马克思主义理论来解释这个“家庭”之中存在的剥削结构。

达拉 · 科斯特呼吁“家务劳动有偿化”

呼吁“家务劳动有偿化”的行动，是从意大利开始的。

1971 年，意大利马克思主义女性主义者代表人物玛利亚罗莎 · 达拉 · 科斯特（1943—）和谢尔玛 · 詹姆斯（1930—）联合发表了一篇论文，掀起家务劳动论争的浪潮。第二年，这篇论文被译成英语，得到了广泛的关注。“家务劳动有偿化”随即逐渐发展成为国际范围内的讨论话题。

詹姆斯等人是意大利工人主义的信奉者。基于马克思主义理论，马克思主义女性主义者进一步提出，劳动是个人在社会立足的基础，一份公正的薪资则是个人劳动受到社会价值认可的必要条件。而女性在家庭中进行的，是维持家庭健康、生育未来劳动者的重要劳动，支撑着工业的发展，因此同样需要有偿化。这一观点的形成，挑战了提倡女性外出就业的传统女性主义思想。

到20世纪70年代中期，这一源于意大利的呼吁开始由英美等英语圈国家的社会主义女性主义者接棒，并掀起了一场更大规模的家务劳动论争。

家务劳动有偿化的主张一经问世，立即遭到了来自马克思主义者和激进派女性主义者两方的批评。马克思主义者认为家庭是脱离市场之外的存在，他们批判家务劳动有偿化的主张“不是马克思主义”的。另一方面，激进派女性主义者同样提出了抗议，认为该主张“不属于女性主义”。激进派女性主义者认为，为家务劳动支付工资反而会固化性别角色分工。时至今日，仍有不少

《妇女的力量与社会翻转》
（*The Power of Women and the Subversion of the Community*, 1972）
※此处引用封面为1975年版

本书由达拉·科斯特与谢尔玛·詹姆斯合著，被誉为马克思主义女性主义的经典著作。本书将“家务”认定为“劳动”（支柱产业的再生产劳动），并对家务遭市场排斥在外的情况表达了异议。

人依然认同这一观点。

不过，也正是这场发源自意大利的讨论，将“家务劳动”与“父权制”相并列，使之成为第二波女性主义浪潮的关键词。

马克思主义和激进派女性主义的“婚姻”诞生出马克思主义女性主义。在日本，借由以上野千鹤子为首的知名女性主义者的积极介绍，马克思主义女性主义逐渐壮大了力量。虽然在世界范围内，人们普遍认为“家务劳动”的概念发源于意大利，但实际上，早在20世纪60年代，日本的矶野富士子（1918—2008）就提出了同样的概念。对于日本而言，“家务劳动”这个词可能比“父权制”还要更熟悉一些。也因此，当博学又聪明的日本女性主义者们接触到马克思主义女性主义时，才会感到格外激动和喜悦吧。

条理清晰地切入结构性问题

20世纪70年代，凯特·米利特出版了《性政治》。同年，舒拉密斯·费尔斯通的《性的辩证法》问世。这两本书都明确指出，父权制是必须打倒的敌人。书中的呼吁引发了众多女性的共鸣，两本书也都被翻译成多国语言，成为女性主义著作中的经典。不过，这些著作在情感方面的表达虽足够饱满，理论方面也已取得飞跃，但依然显得过于主观，因此容易遭受批判。

上野千鹤子认为，马克思主义女性主义为我们提供了一种不局限于解放思想的“解放理论”。她指出，此前的妇女解放运动缺乏针对性别歧视的结构性分析，因此女性主义者们只能哀叹社会始终无法实现男女平等，却缺少探索其原因的思考框架。一些女性主义者中的实践派开设庇护所，为意外怀孕的少女创办诊所，只能像这样尽力地救助受害者。用来帮助那些遭受家暴的妻子，还创办诊所，帮助意外怀孕的少女。然而，面对导致大量受害者出现的社会结构性问题，她们却无计可施。

在此意义上，作为首个具备完整理论框架的思想，马克思主义女性主义的出现满足了许多女性主义者的需要。

根据马克思主义，市场中存在的资本主义制度这一系统将本应分配给劳动者的财富不均衡地分配给了资本家。而马克思主义女性主义提出，在市场外部的家庭领域也存在着与资本主义制度平行的剥削结构，即激进派女性主义者所说的“父权制”。这样一来，父权制便可以理解为以父亲的权威和道德规范为基础，根据性别和辈分进行不均等分配的系统。

首先，家庭之中的资源大部分会分给男性，少部分会分给女性。举个例子，在不少日本家庭中，妻子要服从吩咐，听到“吃饭”二字就要去准备热乎的饭菜，听到“洗澡”二字就要去准备毛巾和换洗衣物。也就是说，女性是从属于男性的。其次，家庭中的资源会更多地分配给长辈而非晚辈。儿子或女儿要把自己的一部分工资上交给父母，如果父母生活不能自理，他们还要承担起照顾父母的重任。

对于这些问题，马克思主义女性主义在激进派女性主义的基础上加入了一些新的分析。例如，在市场之中，汽车、罐头等物质都是被“生产”出来的。家庭则是负责“再生产”的场所，家庭中的“再生产”指的就是生育子女。而这些孩子又会变成新的劳动者，进入市场工作。因此，作为再生产场所的家庭，就是“再生产”着供给市场的劳动力，“再生产”着生产系统本身，最重要的是，“再生产”着人。

2　家务劳动的理论化及其始末

德尔菲指出马克思主义对“家庭”的无视

马克思主义和女性主义之间的关联是“家务劳动”。

针对马克思主义仅仅关注市场而忽视家庭的情况，女性主义者提出了质疑。在家庭中发生的“劳动”，按照马克思主义的说法，可以生产“剩余价值”。也就是说，虽然这部分劳动在市场中具备“交换价值”，却被马克思主义排除在自身的理论框架之外。这是为什么呢?

所谓家务劳动，就是在家里做饭、打扫卫生和洗衣服等。可如果是从餐厅打包食物回家，那这种做饭的活动就属于发生在市场的劳动，当然需要支付报酬。订购上门扫除、衣物清洁服务也是同样的道理。然而，当这些工作在家庭之中由“主妇”包揽时，它们却突然脱离了“劳动”的范畴，马克思主义者也突然对这种形态的劳动丧失了兴趣。

同一件衣服拿去干洗店清洗，就成了产生生产价值的“生产劳动”，干洗店得到的收入也会转化为国内生产总值。然而，同样的工作由家庭主妇来做时，就只是“非生产性劳动”，无法在市场上产出价值及商品。由此可见，马克思主义以“能否在市场上产生交换价值”为标准，任意定义了“生产劳动”和“非生产劳动”的区别。

1972 年 11 月 27 日 巴黎女性解放运动（MLF）的游行现场

克里斯蒂娜·德尔菲是马克思主义女性主义第一人，1970 年，她与同侪创建了 MLF，并领导了 20 世纪 70 年代的女性主义解放运动。1981 年，她同波伏瓦等人共同创办了杂志《新女性主义的问题》。

法国马克思主义女性主义者克里斯蒂娜·德尔菲（1941—）从女性主义者的角度反驳了马克思主义在家务劳动方面的论调。她直接将家务劳动定义为劳动，认为家务劳动就是一种无偿劳动，并宣称这种“无偿”是非常有问题的。

当然，未经由市场而产生的劳动，也不仅限于家务劳动。

以日本农家的媳妇为例。假设她公公婆婆经营的农场规模到了丈夫这一代萎缩了，她的丈夫只能拿着工薪阶层的薪水维持家庭生计，妻子则在仅剩不多的农田上种植仅够自家食用的黄瓜、番茄等农作物。同时，她还要一边照顾今年刚出生的儿子一边做家庭主妇，打扫卫生、洗衣做饭。

这户农家的妻子从事家务和育儿等“家务劳动”，与此同时，还负责种植供自家消费的农作物，也就是说，进行着“家内劳动”。那么，我们不妨试着将这种劳动放进市场，将其纳入经济学范畴思考看看吧。如果要从超市买到她种植的这些黄瓜或番茄需要花多少钱？通过这个金额，就可以估算出她的劳动在市场上拥有什么样的价值了。

那么，为什么家务劳动不能也按照类似的方法去计算呢？清扫、洗衣、做饭、育儿……提供这些服务的公司如今已随处可见。既然如此，把“家内劳动”看作是“生产劳动”，把“家务劳动”看作是无法在市场中产生交换价值的“非生产劳动”，便毫无理由了。

以爱为名的粉饰：为何“家务劳动”会被逐出市场

可见，马克思主义随意将劳动划成了“有收入劳动”和“无收入劳动”。不仅如此，它还不恰当地将“无收入劳动”分配给了女性。

马克思主义女性主义者极为敏锐地指出：这种极度随意的划分和性别不平等的分配方式，事实上反映了女性在市场上正遭受着男性以“无偿劳动”为名的剥削。

在此基础上，马克思主义女性主义者分析市场中存在的哪些条件将家务劳动逐出了市场，并尝试从中寻求性别歧视的结构性成因。

在分析过程中，她们发现了“以爱为名的剥削”。正是在这种剥削中，家务被认定为“无偿劳动”，还被社会赋予了金钱都换不来的“神圣”地位。

然而如果将家务定义为劳动，将其列为受经济评价的对象，也会遭受来自全职主妇一方的反对。当时有一部分全职主妇认为无偿的家务劳动是出于爱的一种自我牺牲。支持丈夫工作是她们的主动选择，是她们的快乐。守着孩子们一天天长大，是她们无可取代的幸福所在，让她们得以笼罩在圣母般的光辉之中。可是，一旦从交换价值的角度将这种行为视作劳动，这种神圣感就瞬间跌入了世俗的泥潭。然而，马克思主义女性主义却认为这种思想是以爱为名的粉饰，极度巧妙地掩饰了社会对女性的结构性剥削。

20 世纪 70 年代中期，女性主义者斗争的一大目的，就是将被逐出“剩余价值”范畴的“家务劳动”提升到“家内劳动”的高度，让它也能被换算为经济价值。她们的恳切提议以英国为核心扩散开来，很多地区都展开了家务劳动论争。然而进入到 80 年代后，女性主义者们开始打出“为家务劳动付工资”的标语。这一呼吁虽然具有一定的前瞻性，却并不现实。如果要为家务劳动支付工资，那么出钱的人应该是丈夫还是国家？这笔钱又该从哪儿来呢？这些口号恐怕完全忽视了这些现实问题。但作为一场引人注目的运动，它的确提供了一个契机，促使大众开始关注此类问题。可惜，这场运动在社会中属于一个较为孤立的存在，最终自然消亡了。之所以消亡，也是因为女性的处境产生了新的变化。

被时代遗忘的口号

20 世纪 60 年代至 70 年代，发达国家中家庭主妇的数量增加了。在此之前，资产阶级家庭中的妻子可以看作是特权阶级，有佣人来帮忙做家务。普通人的劳动形态大多是自营而非受雇。

例如：如果一家人经营鲜花店，那么丈夫和妻子就都要一起照看花店；如果经营农业，那么夫妇就都会下地干活。而从60年代至70年代起，许多发达国家的受雇者比例和自营业者比例出现了逆转，更多的男性作为家庭顶梁柱进入市场工作，女性则成为全职主妇留在家中从事家务劳动。这样的形势，便构成了引发关于全职主妇地位以及家务劳动论争的基础。

到20世纪70年代至80年代，女性也开始大规模进入社会，得到了“工作者”的身份，全职从事家务劳动的家庭主妇人数则相对减少了。工资方面存在的性别歧视以及市场和家庭对女性的双重剥削，得到了一定的社会重视。在此背景下，“应为家务劳动付薪水”的呼吁便开始逐渐被时代遗忘了。

不过，对“家务劳动”的关注绝不是无意义的。“家务劳动”的提出，让始终无法进入公众视野、被当作一种“爱的共同体”来看待的家庭，成为受到关注和讨论的对象。以爱为名的自我牺牲被明确指出是一种“无偿劳动”，还被尖锐地批判为“用爱来遮蔽的性别歧视”。从这些方面可以看出，对“家务劳动”的讨论具有重要的意义。

马克思主义女性主义者认为，马克思主义理论的存在有助于分析性别歧视背后的成因。但与此同时，我们不该不加批判地全盘接受马克思主义理论，而是应该指出其将家庭排除在分析范围外的局限，并且积极行动，改变这一局限。

强调社会结构变革的意义

“我们必须改变自己的意识了……”

在这个男女平等思想得以广泛传播的时代，你或许也曾从自己通情达理的男上司口中听说过这句话。或者，你本身就是会说出这句话的、具备社会常识的人。

但是，这种说法其实将女性主义弱化成了一种“意识问题”。而马克思主义女性主义最大的成就在于，它没有让横亘在男女之间的问题仅仅停留在男性个人表面的意识和态度上，而是深刻地挖掘到了社会结构层面，也就是两性之间的权力分配问题。女性解放单靠改变意识是无法成功的，需要撼动的是整个社会结构。女性主义者也是出于这样的原因才将马克思主义借用到了自己的理论中，将性别差异的讨论从主观思想的层面提升到了社会和结构性不平等的高度。

女性主义中的一个关键术语就是“父权制”。以凯特·米利特为代表的激进派女性主义者将这一概念引入了性支配的领域。但是，她们把父权制统治的本质主要归结为心理因素。马克思主义女性主义者虽然从激进派女性主义者那里“继承”了父权制的概念，却是站在马克思主义唯物论的基础上去认识它，将其作为一种结构进行分析和阐述的。

马克思主义女性主义者将父权制定义为“以性别为基础，权力分配有利于男性，且性别角色分配固定不变的关系与规范的总和”。也就是说，在她们看来，父权制的基础存在于男性对女性的劳动支配之中。对于这种支配，她们的阐释是：首先，男性将女性驱逐出了劳动力市场。其次，即便女性进入了劳动力市场，也会被当作二等劳动者，以低薪被雇用。而因全职主妇身份受困于家中的女性，则离市场愈发遥远。20 世纪 80 年代，女性进入社会的脚步虽然加快了，但主妇们只能做些收银之类非正式雇用的兼职工作，薪资水平与男性劳动者相去甚远。马克思主义女性主义者认为，这种情况绝非偶然发生，它其实是男性有组织地在排挤女性的结果。

而且，这种剥削结构不单存在于市场，还存在于家庭之中。正如前文所述，根据马克思主义女性主义的观点，父权制是基于性别和辈分的权力分配结构，也就是年长的男性对女性和年轻一辈施加的压迫。而家务劳动这种“无偿劳动”的存在，正是父权制进行剥削的证据。

再进一步讲，不单是市场，家庭之中的分配往往也是不平均的。在家庭之中，丈夫招待客人时，妻子永远要待在厨房忙活。她们大多只能在客人和丈夫吃过饭之后，扒拉几口残羹充饥。仔细想想，留给母亲的永远是剩下的东西——丈夫剩下的、儿子剩下的。她们在家务的间隙匆匆吃掉这些残羹剩饭，逐渐发福，还腼腆地自嘲：“怎么胖成这样了。”一个家庭会投资儿子的教育，让他上大学。但如果是女儿，去读个短期大学就够了。诸如此类，这种带着性别歧视的资源分配行为始终存在。一些女性将恭谨谦虚的道德彻底内化，她们甚至从没想过自己应该要求公正的报酬。

对此，马克思主义女性主义明确指出：男性和女性在家庭和市场之中的地位之差并非个人问题，而是属于结构性的支配从属关系。女性被巧妙地逐出市场，关进家庭的“牢笼”，并且心甘情愿地在“爱”的名义之中遭受统治。马克思主义女性主义的目的，就是解放被统治的妇女们。而想要达到这一目的，就需要所有从事家务劳动的妇女们不分国界地团结起来。

3 “完美”理论的局限

隐藏在“生产”概念中的陷阱

马克思主义女性主义即使已经如此深刻地将女性所受的压迫理论化了，也依然存在局限性。它受强调“生产”的马克思主义理论影响，不免陷入“生产”的框架之中，无法开拓。

马克思主义女性主义者十分重视女性被排挤出市场的问题，力图恢复女性作为生产者的地位。她们将父权制视作一种生产方式，批判了在该生产方式中女性的生产劳动未能得到报酬的问题。在这一过程中，女性主义者将女性的活动强行塞进了以物质生产为核心的马克思主义理论框架内。

而这一框架忽略了很重要的一点，那就是“再生产”。没错，不是“生产”，而是“再生产”。正如市场生产物质那样，现代家庭最重要的成果，就是对下一代的“再生产”。家庭是生育子女的地方，无尽的劳动力都由家庭供应给市场。从这一角度来看，家庭就是实现劳动力再生产的场所。同时，它也实现了“生产系统的再生产”。其中最根本的一点就在于，家庭是再生产“人”的地方。

当女性“劳动”时，她们和“生产”相关的行为及和“再生产”相关的行为，其实是呈连续性的。

让我们再一次回到前文提及的那个农户主妇的例子中看看吧。设想这名主妇要早上起来为全家人做早饭，要照顾公婆起居，要在农田劳作，还要哄逗孩子。没错，女性既是“生产者”，同时也是“再生产者”，这两种角色在她身上十分自然地重合在了一起。而马克思主义将“生产”和“再生产”随意地分开看待，把“生产”置于核心地位的同时，将劳动力看作一种“能从市场外部被源源不断供给过来”的东西。于是，家庭成了神秘的黑箱，被排除在马克思主义的考察范围之外。

实际上，马克思主义是一门“性别忽视”（sex-blind）的学问，潜藏着结构性的偏见。它不进行性别歧视，对性别采取中立态度的同时，更侧重于对工业和市场的分析。这种视角反过来说，也隐含着对家庭和女性存在地位的轻视。

即便如此，女性主义者还是努力将家庭摆在和市场齐平的位置上，为女性争取“生产者”的身份。但在这一过程中，女性仍会被“工业优先”这一男性优先论的话语结构所禁锢。

于是，在马克思主义女性主义者中出现了一些关注女性“再生产”分工的成员，其观点和激进派女性主义者主张的“女性的生育属性”有类似之处。从左翼运动中萌芽、各自朝着相反方向发展的激进派女性主义和马克思主义女性主义，最终走向了同一归处。

新马克思主义认可了“家务劳动”，但……

激进派女性主义者和马克思主义者都坚信，他们可以凭借自己的理论解释世界上存在的一切不平等现象，拒绝承认其他可能导致不平等出现的因素。

激进派女性主义创造了“父权制”这一概念，坚信父权制是女性遭受压迫的原因。它尝试通过男性和女性的对立去解释这世界上存在的一切不幸。这种性支配的一元论概念也很自然地遭到了批判。

马克思主义相对成熟，其唯物论观点认为整个世界的财富之所以不平均，是因为资本家和工人之间的财富分配存在问题，并将一切归结到了物质上。乍看之下这似乎的确能够解释一切。马克思主义将财富分配不均的情况归因为“资本制度”，认为如果无产阶级能通过革命手段推翻资本主义制度，我们就将迎来一个完全平等的社会。这种阶级统治的一元论认为当工人阶级推翻资本家，迎来胜利曙光之时，包含女性在内的所有劳动者都将彻底摆脱剥削。而这种观念，也正是马克思主义被指出具有“性别忽视”的原因所在。

这个世界上剥削的根源究竟是“父权制”还是“资本制度”，是男性和女性的阶级对立，还是资本家与劳动者的阶级对立？无论是性支配一元论，还是阶级支配一元论，都因为其一元论的属性，导致它们无法在自己的理论之中容纳对方的观点。

而在这时，马克思主义占据了上风。伴随着女性主义者愈发活跃的行动，马克思主义者也为“父权制”理论留出了一席之地。新马克思主义在回应对马克思主义的各类批判时，针对原有理论进行了部分的修改和扩充。它开始宣扬这样一个观点：父权制是从属于资本制度的一个子系统，并且主张是资本制度和父权制互相紧密结合在一起，共同制造出了支配的结构。

新马克思主义首次承认了此前马克思主义忽视的家庭的重要性，认为家庭没有被市场蹂躏，而是被置于市场之外的原因是，家庭的存在对资本制度来说是有利的。这又是怎么一回事呢？

根据新马克思主义的解释：*无偿的家务劳动之所以被留在家庭这样一个私人领域，是因为将这种劳动推向市场的成本过高了*。在通过大规模机械化为资本家们带来财富的工业革命中，家务劳动这一类小规模劳动密集型的领域是无法被推入市场的。这是一个成本过高，必然导致赤字的行业，没有任何一个资本家会染指。

孩子的存在与再生产的不合理性

然而，一部分的再生产活动，当下也被市场化了。捐精、捐卵和代孕就是其中之一。

在美国市场，一颗卵子可以轻松卖到6000美元，代孕则更是超过60000美元，可以称之为暴利。当然，如果将几乎全部的再生产活动都包给市场，成本或许会再压低一些。但无论是捐卵还是代孕，都无法超出女性肉体的极限而达到持续供给。一名女性只有在育龄状态下，才能每个月提供一次卵子。如果要怀孕分娩，那就需要占用一名女性的子宫长达10个月。而在怀孕的同时，这名女性也有可能丧失原本应属于她的劳动机会。

如此想来，倘若真的站在市场角度去“购买”女性在家庭内部的劳动力，那么无论月薪多高的白领男性恐怕都无法支付吧。也就是说，女性每天都在出血搞特惠，每天都在亏本大甩卖。如此不合理的现象，是无法通过市场逻辑去解释的。

在市场逻辑中，不会有什么女人会被“想为男人生孩子”的爱情谎言蒙蔽，以无比低廉的价格进行这样的重劳动。正因如此，资本制度才刻意将这种不计成本、效率低下、无利可图的领域（即再生产领域）和公共市场相区分，将其纳入“家庭”这样一个私人领域。

就这样，父权制和再生产领域的支配结构，支撑起了包含资本制这样一种生产领域在内的一切支配结构，形成了一个完整的支配系统。乍一看，这种思想似乎和女性主义联合了起来。它承认女性在家庭内部付出的劳动有着不可替代的价值，而且认可如果把女性从家务劳动中获得的收益和男性在市场中获得的收益换算一下，女性这边的收益必然是负数。

可是，新马克思主义的目的并非拥护女性主义，或者说这只是一种假象。它想要保护的，实际上只是自身理论的纯洁性。

马克思主义和女性主义的婚姻是不幸的?

在马克思主义者中有不少聪慧的理论家，马克思主义严密的理论以及对这种理论的近乎信仰的热情，让他们从一开始就否定了女性主义者的质疑。毕竟，在他们看来，世界上怎么可能存在马克思主义无法解释的领域呢？然而，一旦质疑声变得过于响亮，他们又试图将这些质疑也一一化解，纳入自己的理论之中，因为没有什么是马克思主义无法说明的。

新马克思主义似乎是在向女性主义靠拢，为女性主义提供了一定的支持。然而驱使他们这样做的本质动机，却是为了捍卫自身理论神圣的完整性。看破了这一点的女性主义者被兜头浇了一盆冷水，一度点燃的浪漫激情也烟消云散了。

海蒂·哈特曼在其著作《马克思主义和女性主义不幸的婚姻》中如此描述这一状况：用英国人惯常的形容，马克思主义和女性主义的结合就好似结婚。虽然二者要“同心同德”，但这里的“同”，指的是要和马克思主义相同。近来很多人都致力于将马克思主义和女性主义相结合，但从我们女性主义者的角度来看，这种结合并不能把结果导向一个让人更加满意的方向。因为马克思主义将女性主义的斗争包含在了对“更大的”资本展开的斗争之中。那么，继续运用这个比喻的话，对我们来说真正必要的是更加完善的婚姻，不然就离婚吧。

女性主义者拒绝被马克思主义拉进一个缜密但不宽容的世界中去。她们拥护二元论，认为资本制度和父权制各具不同的统治结构。

直到20世纪70年代中期，新马克思主义者仍坚持认为，全职主妇正是维持资本制度的有力工具。然而，随着全职主妇群体逐渐消失，讨论的焦点又迅速开始向“女性的双重劳动”和“作为二等劳动者的女性”等方面转移。于是，新马克思主义者的看法也发生转变，在他们眼中，维持资本制度的有力工具不再是全职主妇，而成了兼职主妇。

在资本制度之下，全职主妇被排除出市场，承受着无偿的家务劳动的剥削。而进入市场的女性仍旧以兼职主妇的身份拿着极低的薪水。出现这些情况，真的只是因为资本制度导致的剥削吗？不，倘若不能正视性别因素在劳动市场的影响，是无法解释得通的。

在马克思主义女性主义者看来，这个世界的统治系统是多元的。她们清晰地看到，与资本家对劳动者的剥削同时进行的是男性这一阶级对女性的压迫。至此，女性主义终于找到了属于它自己的话语空间。

第五章

不同性质的文化女性主义
——女性主义第二波浪潮
（20 世纪 80 年代）

1　男女之间存在本质差异

女性主义
积极承认男女之间的文化差异

“唯独这种女性主义，我就是喜欢不起来。”珍妮特·哈利教授曾如此坦言。

2015年，我选修了哈佛大学法学院的女性主义法律理论课程。当时负责教授这门课的珍妮特·哈利教授表示，世界上存在各种歧视，比如人种歧视、性别歧视、性向歧视等，我们其实很难认为与女性相关的歧视问题就应该被优先解决。结果，她因此被贴上了“自称是女性主义者的人”这样一个有损名誉的标签。

即便如此，她仍然坚持在讲坛上如数家珍地传授自由主义女性主义、激进派女性主义、马克思主义女性主义等思潮，并展现出了极大的热情。但她非常坦率地表示，唯独文化女性主义，自己就是喜欢不起来。

在女性主义第二波浪潮中，自由主义女性主义、激进派女性主义、马克思主义女性主义都是代表性流派，而文化女性主义却未能和它们并肩前行。在美国，它更像是从较为边缘的位置产生的。但是，倘若不介绍这一类别的女性主义，就很难理解后文将要论及的日本女性主义的基本思想。

正如波伏瓦在《第二性》中所说，“女人不是天生的，而是后天形成的”。第二波女性主义浪潮中的女性主义者也认识到，性别的文化规范是后天形成的。

自由主义女性主义者虽然在一定程度上承认男女之间存在生理差异，但她们仍将道德和陈规导致的刻板印象视为造成男女差异的主要原因，并致力于打破这些刻板印象。激进派女性主义则深入性存在的层面，从本质上呼吁男女之间的平等。

男性和女性在本质上是相同的吗？当时，这一问题简直可以称为给女性主义者准备的试金石。只有能说出“女人不是天生的，而是后天形成的”这句话的人，才能被认定为女性主义者。

在这样一种氛围下，文化女性主义者却表现出了明显的异见。她们认为，不仅仅是生物学上，男女之间在文化上的差异也是“本质”的。

吉利根指出女性特有的“关怀伦理”

1982 年，卡罗尔 · 吉利根（1937—）出版著作《不同的声音》。作为一名心理学家，她对爱利克 · 埃里克森和劳伦斯 · 科尔伯格提出的“发展心理学”理论产生了疑问。科尔伯格的理论框架阐述了正义感的发展进程，但其研究对象最初仅限于男孩。以男性为衡量标准，女性的道德发展往往被置于较低的位置。可女性在道德发展方面真的劣于男性吗？吉利根认为，女性在讨论“什么是正确的”时发出的声音和男性截然不同，存在特异性，她将其称为“不同的声音”。

吉利根在书中提到，在心理学实验中，测试者同时向一个

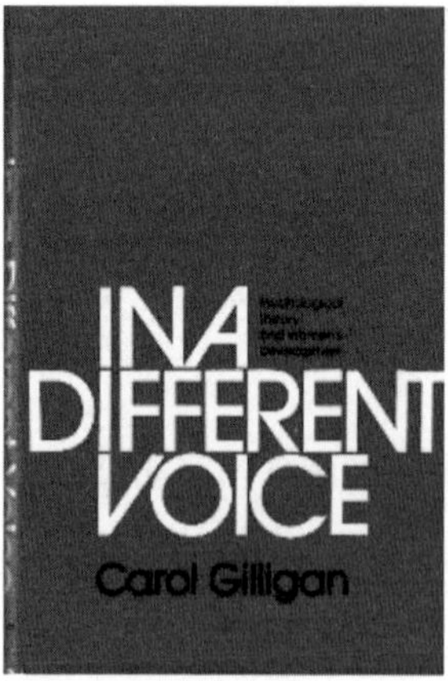

《不同的声音》
（*In a Different Voice*, 1982）

吉利根著。本书的副标题是“男女的道德差异以及女性的自我认知”。作为一名伦理学家、心理学家，吉利根认为女性拥有一种“关怀伦理”，这种伦理和男性的“公正伦理”并不相同。

11岁的男孩杰克和11岁的女孩艾米讲述“海因茨困境”的故事。故事的内容是：海因茨的妻子被晚期癌症折磨，而他无论如何都拿不出足够的钱来支付药剂师开发的特效药。那么，他应该为拯救妻子而去偷药吗？听完故事，杰克立刻将药剂师对药物所有权的价值和海因茨妻子生命的价值做了比较，认为生命更重要，所以得出了该去偷药的结论。对于杰克来说，“海因茨困境”其实是一个权利优先级的问题。只要给这些权利排出优先顺位，问题就能迎刃而解。

另一边，艾米的结论却更为含糊。她考虑到很多方面，比如：能不能说服药剂师呢？能不能再恳求更多的朋友，想办法筹到钱呢？还有，倘若丈夫因偷盗被捕，那重病的妻子该由谁来照顾呢？艾米苦恼于各种人的状况以及人际关系，无法得出一个明确的结论。

传统的发展心理学理论会通过抽象的思考来评估一个人走向普遍正义的过程，因此贬低了艾米的态度。可是，这样真的是对的吗？

艾米认为“海因茨困境”是一种沟通上的失败，同时，她还追问了在有可能达成沟通的关系之中，谁是需要去“关怀”的。由此，吉利根得出的结论是：艾米以“关怀伦理”为基准思考问题，这种类型的伦理和“公正伦理”完全不同。“公正伦理”将这个两难的问题视作权利的冲突，因此得出了可以为特定的权利牺牲其他权利的结论。而另一边，在“关怀伦理”之中，只要有人遭到了他人的“践踏”，那就算是未能达成目的。“关怀伦理”以尽力避免伤害、抛弃某个特定的人为目的。正因如此，比起将事实抽象到权利的维度，“关怀伦理”更倾向于具体问题具体分析，并将这些情况还原到各自的维度之中。和简明扼要的“公正伦理”相比，“关怀伦理”会被各种因素影响，不停变化策略，显得游移不定。所以一直以来人们对这种伦理的评价都比较低。

然而，吉利根认为“关怀伦理”和“公正伦理”存在着本质上的差异，因为二者想要实现的普遍目标就是不同的。这两种伦理都存在不同程度的发展阶段，这些发展阶段也都是为了实现普遍目标而形成的。

在“关怀伦理”的发展过程中，第一阶段是认识自身的愿望，第二阶段则是认识他人的愿望，并为满足他人的愿望而尝试进行自我牺牲。到了这一步还不算结束，接下来还有第三阶段。在第三阶段中，对他人的责任转回到了对自己的责任之上。也就是说，关怀是存在相互性的，对他人的尊重，最终会回归到对自己的尊重上。因此，这一伦理最终会从单方面的牺牲发展到对彼此的尊重，是关怀的升华。且它主张不去伤害任何人，包括我们自己。这也正是非暴力的原理。

正因为女性的“声音”不那么抽象，其思想又更为依赖具体情境，所以才会被男性所谓“公正伦理”所贬低。吉利根认为

"关怀伦理"代表着女性的伦理观，它想要达成的目的和男性的伦理观有着实质上的不同。

温和理论的迷人与危险

说实话，我觉得吉利根的想法非常顺耳，也很愿意认同"男孩子喜欢竞争，女孩子寻求共情"这句话。

仔细想想，为什么吉利根的理论从直觉上就很容易被接受呢？这恐怕是因为和尝试用利刃撕开现状的女性主义不同，她用一种柔和的方式包容了男女被差别对待的现状。从另一个角度看，这种理论改变现状的能力是非常弱的。因此不难想象，它极有可能被保守派巧妙地加以利用。

吉利根《不同的声音》出版于20世纪80年代，在70年代处于鼎盛时期的第二波女性主义浪潮，此时也有了退潮的征兆。1981年正值罗纳德·里根执政，美国政府对非婚生子女的增加以及艾滋病等传染疾病的增多感到焦虑不安，于是开始尝试通过歌颂保守的性道德来重振家庭存在的意义。这也意味着承担关怀任务的女性将被关进家庭之中，无法脱身。而吉利根倡导的"关怀伦理"则被里根政府加以利用，施行于家庭相关的政策之中。

在此情境下，麦金农对"关怀伦理"进行了直截了当的批判。她认为,《不同的声音》中论及的道德性不应被视为女性在道德方面的伦理及推论方式。女性之所以重视关怀，是因为女性向男性展示的关怀水平是他们对女性进行评价的标准；女性之所以会从人际关系出发考虑问题，是因为女性的存在本身就是在与男性的关系中被定义的。与其说无权之人要找到不同的表达方式，不如说她们根本发不出声音，只能被迫处于沉默。

2 她们心中的“男女平等”

和其他女性主义者的目标有何不同?

文化女性主义者认为男女之间存在本质上的差异。关于如何平等地对待男女两性，她们也采取了和其他流派截然不同的立场。

文化女性主义者认为，男女在职业上的目标就不相同。当男孩子用玩具兵模拟战争的时候，女孩子在玩洋娃娃。当男孩子沉迷于国防大学整齐划一的行军队伍时，女孩子则对幼儿园保育员做的事兴趣盎然。这种“男性气质”和“女性气质”为自由主义女性主义者所诟病，她们认为这是社会造成的性别刻板现象，而非男女之间本质性差异的体现。正因如此，像自由主义女性主义那样激励女性，高呼“少女，志存高远！”告诉她们“想做护士的少女，你们的目标应该是成为医生！”“憧憬空乘的少女，你们的梦想应该是做一名飞行员！”并催促女孩子们改变志向之类的做法，文化女性主义者并不赞同。

文化女性主义者认为，问题并不是出在女孩子们的志向上。她们生来就拥有着更高的伦理性，愿意去“关怀”孩子、老人和其他人。比起战争，她们更追求和平。而诸如此类的倾向显然更为优越。

在文化女性主义者看来，关键问题在于社会。简而言之，她们认为关怀类的职业在这个社会中的价值被大大地低估了，而这是非常不公平的。

为什么护士的薪水要比医生低那么多？为什么空乘的薪水不能和飞行员一样？还有护工、幼师、秘书……为什么她们的薪水那么低呢？

文化女性主义者为消除性别歧视所采取的策略，其实就是将支撑整个世界的“关怀”的角色，也就是“女性的志向”提升到一个正当高度上。她们认为社会应该给护士和医生支付同等水平的薪水，空乘的薪水也应该和飞行员持平。

在她们看来，家庭主妇作为“母性”（motherhood）的完成形态，应该得到最高的评价。文化女性主义者克里斯汀·利特尔顿因此表示，家庭主妇的工资理应由国家支付。不仅如此，她还提出了一个难度更大的主张，即具备“母性”应该被认定为招收所有公职人员的非正式条件。

这里提到的“母性”并没有将生理性别为男性的人排除在外，也就是说，如果男性在家庭中担任“关怀”的角色，那他也一样是有“母性”的。再进一步讲，克里斯汀·利特尔顿希望通过把育儿当作对公务员的考察条件，鼓励男性在人生的某个阶段回归家庭，全心投入育儿工作之中。

“让女性进入士官学校”的诉讼有何错误？

美国弗吉尼亚州有一所著名的士官学校，这所学校以严格的校风而闻名，且仅招收男性学员。一年级新生要经历严苛的入校仪式，他们会被推子剃成秃头，还会被手臂练得像木桩一般粗的高学年学生训斥。只有经历了这些，才算被这个学校的集体所接纳。

学校平日的训练也十分严酷。学生们经常要匍匐前进十公里，而当他们濒临昏厥、几乎要栽倒在终点前时，恶魔般恐怖的教官则会把指示终点的杆子移到更远的地方。因为在战场上，看到终点就大松一口气是不行的，毕竟之后还可能会出现更为严苛的磨炼。而且，这所学校不允许学生给宿舍房门上锁，因为在战场上，大家必须和同伴分享一切。他们需要同吃一锅饭，一起熬过严苛的训练，有时还要赤裸着互敲彼此的肩膀。既然是战友，就要培养感情，保证在任何地方都能放心地把后背交给彼此。

自由主义女性主义者对这所学校提起了诉讼，她们认为只招收男性学员属于对女性的歧视。当时极受该派别女性主义者爱戴的鲁思 · 巴德 · 金斯伯格法官对此做出了书面判决，驳回该校提出的为女性单独开设分校的主张。最终，这一弗吉尼亚州名校对女性敞开了大门，进入该校学习的女性人数也逐渐增加。根据相关新闻报道，2021 年，女性首次在该校得到了指挥官的职位，这也是学生之中等级最高的职位。但仍有不少人会拿指挥官的性别说事，称“我们绝不可能听从一个女人的命令”。甚至还有人对女性指挥官进行性骚扰，让事态再次陷入僵局。

鲁思 · 巴德 · 金斯伯格
Ruth Bader Ginsburg（1933—2020）

律师、法学家，美国联邦最高法官。1973 年就任美国自由人权协会（ACLU）法律顾问，此后屡屡接手性别歧视的相关案件并胜诉，获得了广泛的关注。其法律生涯的大部分时间都在为男女平等及争取女性权利而奋斗。1993 年，她就任联邦最高法官。随着时代的发展，她也被公认为自由派法官的代表。金斯伯格对美国社会的影响巨大，甚至可以被称作一位流行文化的标志性人物。

而在文化女性主义者看来，提出让女性进入一个全是男性的士官学校这一诉讼本身就是错的。战争这么野蛮的事情，完全没必要让拥有高级的“关怀伦理”的女性去承担。

文化女性主义者或许会提倡在士官学校旁边建一所培养幼师的学校，并要求国家拨出和士官学校同等的，不，应该要比士官学校更多的预算去培养幼师吧。因为文化女性主义者认为，慈爱地养育未来肩负国家重任的孩子们的资质比侵略他国领土的能力要优越得多。所以，如果社会对幼师学校给予比士官学校更高的评价，也许连战争都会消失，世界也将会迎来和平。

认同“女人怎么能互殴呢？”，甚至……

“女人怎么能互殴呢？”

倘若你是一名自由主义女性主义者，那么当你听到棒球选手张本勋如此评价 2021 年女子拳击羽量级冠军获得者入江圣奈选手时，一定会感到怒火中烧吧？或许有人会对这种愤怒感到恐惧，并对产生这种情感的人敬而远之。但自由主义女性主义的目标就是呼吁社会废除“男人该有男人的样子，女人该有女人的样子”这样一种性别刻板印象。在自由主义女性主义者看来，承担大多数变革行为的不是社会，而是个人。在废除了“母亲职业道路”[1]这样一种短时出勤状态的企业中，女性不得不和男人一样工作。自由主义女性主义的基本思想就是鼓励个人通过努力去开辟道路，而不是等待制度的拯救。

这看似是一种强大的斗士思想，但如此一来，女性主义运动的社会变革程度将会大大降低。从某种意义上讲，这种思想是极为稳妥的，所以也得到了美国商界的支持。因为对于那些觉得只要拥有男女平等意识就大功告成的企业而言，这是最省事的做法。以男性为模板的职场只需要保持原状就行，反而是女性必须努力转变自己，让自己能够适应这套男性准则。这也是自由主义女性主义受到批判的地方。

“女人怎么能互殴呢？”

再来看看另一边的文化女性主义者吧。对于张本的这句话，文化女性主义者也许会温和地赞同。而张本勋本人，大概也会被如此“通情达理”的女性主义者吓一跳。然而，接下来可能发生的事更会让他大吃一惊，因为文化女性主义者也许会接着说：“社会如此推崇拳击这项运动，这本身就有问题。既然拳手小弗洛伊德·梅威瑟拿到了巨额奖金，那世界编织比赛的冠军也应该

---

1 母亲职业道路（mommy track）：在育儿的过程中，女性常因被安排去做一些责任较轻的工作，导致职业上升进程被拖慢。这一词汇诞生于 1988 年的美国，当时众多民众呼吁国家完善育儿假等相关制度，以帮助女性更好地达到育儿和工作两不误的目标。

拿到相同金额的奖金。我们必须改变社会的认知才行。”

乍一看，文化女性主义似乎与“男人该有男人的样子，女人该有女人的样子”的保守观念相契合。然而它不仅提倡个人的改变，而是大胆地把诉求上升到了社会变革，摇身一变，冲在了激进的最前锋。

我为这逆转的一瞬间激动不已。这一庞大的思想实验中包含着过于大胆的提议，是一个适当地平衡了理论与热情、拥有丰富层次的领域。难能可贵的是，它把男女性别本质作为根本性的问题探讨，努力地寻找变革的出路。对于她们倾注自己全部的人生留下的思想足迹，我不由得心怀敬畏。

3　与生态女性主义合作

将破坏自然和压迫女性重叠起来的“生态女性主义”

关于“生态女性主义”一词的来源，我们可以追溯到弗朗索瓦·德·奥博纳（1920—2005）于1974年提出的观点。她把研究重点放在了生物与环境相互联系的生态学，以此为基础提出了“生态女性主义”理论。在她看来，破坏自然和压迫女性，这两者之间存在着巨大的关联性。

1962年，蕾切尔·卡森出版了《寂静的春天》一书，为杀虫剂导致的环境破坏现象敲响了警钟。无法停止的科技进步正在改变自然，美国当时便发生了数起令广大民众感到无比震惊的灾害和事故，比如1979年三英里岛的核电站放射能泄漏。在此情境下，有600名女性站出来组织了以“女性和地球上的生命”为主题的第一次生态女性主义会议。

在这次会议中，环境的破坏和核能的威胁都被视作女性主义相关问题。因为在生态女性主义者看来，无论是科技进步导致的环境破坏，还是男性对女性的迫害，都是资本主义和父权制紧密相连的统治秩序造成的。这次会议的议题涉及女性主义、军事化、生态疗愈和环境保护，也就是将环境破坏和核能威胁也视作女性主义问题的一部分，共同构成生态女性主义。于是，生态女性主义将女性定义为“能够疗愈地球的存在”。

这种想法对于文化女性主义者来说非常具有亲和力，一部分文化女性主义者和生态女性主义者也因此达成了合作。文化女性主义规定了人与人之间的关系，而生态女性主义在此之上，又叠

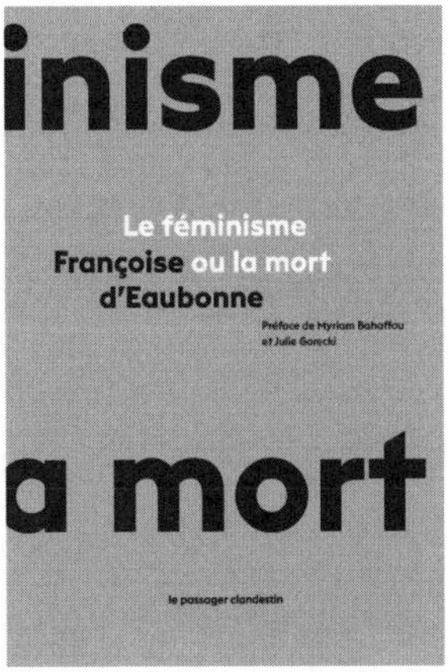

《选择女性主义还是选择死亡》
（*Le Feminisme ou la Mort*，1974）
* 本图使用了 2020 年出版的版本

弗朗索瓦·德·奥博纳著。本书指出“男性对女性的压迫和对自然的破坏基于同一种意识形态”，人类想要从危机之中脱身，唯一能走的道路就是生态女性主义道路。德·奥博纳不但积极参与女性解放运动，还大量发表小说、诗歌、评论和传记，坚持作家活动。

加了人与自然的关系。后者将原始的女性崇拜思想和太古时期的丰产思想结合在一起，认为女性生来就离自然更近，天生拥有关怀的资质，理应为保护环境打头阵。

对全球化提出异议

还有一些人的政治立场更为激进，代表人物是环境哲学家范达娜 · 希瓦和社会学者玛丽亚 · 密斯（1931—2023）。二人于1993 年合著出版了《生态女性主义》。这本书率先提到了性别不平等和市场原教旨主义之间的相关性，并对全球化提出了异议。

生态女性主义既关注人与自然的关系，也关注人与人的关系，且认为两种关系是互相影响的。希瓦曾以世界银行主导的“绿色革命”为例，指出自 20 世纪 60 年代后半叶开始，大量使用农药和化肥、大规模生产单一作物的农业形态已经入侵了全世界。这种方式大肆破坏了以自给自足的小规模农业为基础的印度农业的发展。贫穷的印度女性承担着为家庭提供食物的性别角色分工，她们最为直接地遭受了这种环境破坏产生的影响。因此，希瓦认为女性作为“环境拯救者”应该站起来，为以经济增长为目的的发展模式提供可持续的替代方案。

与此同时，希瓦和密斯还注意到，一些先进的生殖技术也有着破坏自然的暴力特性。她们激烈批判了第三世界为强制管理人口实行的绝育手术政策，认为这与男性主导的优生思想密不可分，本质上是对女性身体的控制。

生态女性主义者将“男性等于文化，女性等于自然”的二元对立，对应到了“人与自然”和“人与人”的关系中。她们认为，科学技术对环境的剥削，就是在支配存在于女性身体中的自然，也就是一种将蔑视女性的构造正当化的行为。生态女性主义从二元论的角度出发，批判了人对自然的支配，以及男性对女性的控制。

生态女性主义者反对单一栽培，反对科技进步中潜藏的优生思想，提倡维护生物多样性，坚持维护人种和性别的多样性，并

范达娜·希瓦
Vandana Shiva（1952—）

印度环境哲学家，环境活动家。她和德·奥博纳相同，也致力于生态女性主义领域的开拓。从20世纪80年代起，她开始积极参与保护种子、保护生物多样性和自然资源运动等。曾获生活方式楷模奖、地球日国际奖等诸多重要奖项。

将“人与自然的关系”和“人与人的关系”结合在一起看待。针对追逐短期利益最大化的经济开发策略，生态女性主义者提出，应该选择可持续的开发策略，并宣称女性正是承担这种可持续开发的重要角色。

第六章

性感与赋权观念的冲击，二元性别的解体
——女性主义第三波、第四波浪潮
（20 世纪 90 年代以来）

1　想穿的衣服，喜欢的男人，属于我的人生

80 年代的保守态度

盛行于 20 世纪 70 年代的第二波女性主义浪潮，自 80 年代开始明显地倾向于保守，这也正是新自由主义的政治经济思潮兴起的时期。

新自由主义主张在市场上建立竞争机制，面对家庭时观念却十分保守。例如，1979 年至 1990 年间的英国撒切尔政权在经济方面积极回归到了更重视自由市场的资本主义制度上，在家庭观念方面却选择支持更为传统的价值观，以维护整体的社会稳定。在执政党的这种态度下，同性伴侣无法作为家庭成员得到承认。

20 世纪 80 年代后，美国的里根政府也同样推行保守的自由市场经济政策。在里根执政时期，牧师杰瑞 · 法威尔于 1979 年创立“道德多数派”，提倡“家庭的价值”的同时，反对女性主

义、性少数群体权利和生育选择权。

1991 年，克拉伦斯 · 托马斯成为美国最高法院有史以来第二位获得提名的黑人法官。就在这位法学家获得这一至高荣誉的时候，他被曝出曾有性骚扰行为。他过去的部下安妮塔 · 希尔作证托马斯曾多次约她，拒绝其邀请后，托马斯便以工作为由逼迫她和自己谈论一些与性有关的话题。

对于希尔的证言与指控，托马斯持全盘否认的态度。最终他保住了最高法院法官的职位，希尔则遭到了公众的谴责。女性主义作家丽贝卡 · 沃克（1969—）认为，大众在该事件的一系列过程中明确显露出了厌女气质，并围绕此事在 *Ms.* 杂志上发表了“第三波女性主义浪潮”的相关文章。

暴女登场

和第二波女性主义浪潮相比，第三波女性主义浪潮更重视综合性的性别歧视结构。“多元交织性”（intersectionality）一词，最早出现于 1989 年金伯利 · 威廉姆斯 · 克伦肖的著作。她从黑人女性主义的视角出发，深入研究了美国民权运动。这个词被她用来描述一种层叠的权力结构，这种结构迫害了社会中最脆弱的阶层，比如黑人、性少数群体、残障人士等。第二波女性主义浪潮描绘的那种男性压迫女性的简单构造，此时已经不再适用。

第二波女性主义浪潮的口号是“姐妹情谊力量大”，第三波女性主义浪潮之中的人们则追问：哪些群体应该被纳入这些受压迫者的联盟之中，又是哪些群体应该被排除在外呢？

20 世纪 80 年代前半叶，《纽约时报》刊登了一篇名为《后女性主义》的文章。该文赞同女性主义者们所追求的目标，同时也阐述了一些年轻女性“不想被人认为和旧时代的女性解放活动家一样”的心声。对于这些年轻女性来说，老一辈的女性主义者过于敌视男性，忘记了享受人生。再加上有些女性主义者还被媒体描述成歇斯底里的“烧胸罩的人”，这更让年轻一代的女性敬而远之。

第三波女性主义浪潮更加强调个人赋权。她们提倡穿自己想穿的衣服，和自己喜欢的男性共枕，尽情享受人生。20 世纪 90 年代初，女性主义和朋克摇滚相结合，“暴女”（Riot Grrrl）这一亚文化运动应运而生。运动参与者尝试重新定义“婊子”等污蔑女性的词汇，赋予其更积极的意义，重新定义女性特质。一些女性乐队开始加入以男性为中心的摇滚行业之中，并尝试在成员之间掀起“女性暴动”。而这一尝试，也成了《暴女》杂志创刊的契机。

性？“yes！”色情？“yes！”

可以说，这股新的女性主义浪潮一边赞美女性之间强有力的纽带，一边积极倡导性解放。与此同时，她们还嘲讽将色情制品认作万恶之源的激进派女性主义者，认为那种对色情制品讳莫如深的态度非常可笑。当年尽全力投身反色情运动的德沃金，在这些年轻女孩的口中沦为“爱说教的大妈”。第三波女性主义浪潮中的女性虽赞同前辈的部分主张（如女性拥有对性行为说“不”的权利），但同时，她们也提倡应不带任何羞耻心地对性行为说“yes”，并认为女性也有欣赏色情制品的权利。也就是说，她们认为自己有权尽情享受性为自己带来的一切。

在这方面，第三波女性主义就和第二波产生了分歧。美国文化学者艾瑞尔·利维在其著作《女性沙文主义猪：女性与低俗文化的兴起》中批判第三波女性主义过度强调性和与性有关的挑衅行为，认为那是一种“低俗文化”。她在书中流露出了一些担忧，认为主张性自由的“女强人”们很可能会因为这种所谓的自由而陷入被男性剥削的结构之中。

比如在上映于 1998 年至 2004 年间，代表了一个时代的美国电视剧《欲望都市》中，凯丽、夏洛特、米兰达、萨曼莎几位主角都是在性方面自由奔放且事业有成的女性，与此同时，她们的个人幸福又主要依靠于男人。如主人公之一凯丽一直都在寻找一个能让自己的人生变得完美的男性。

不仅如此，第三波女性主义浪潮描绘的“女强人”形象还受到了商业的利用。比如，女性主义杂志 *Bitch Media* 的创立者兼作家安迪 · 蔡斯勒（1972—）就分析指出，女性赋权的概念被用于从摩托车到枪支的商业推广。电视节目开始提倡女性要用金钱让自己变得更强大、更性感，声称这样能够提升女性的自信心。女性享受着她们作为消费主体的身份，却也因此讽刺地沦为被企业和男性消费的客体。

可见，第三波女性主义浪潮乍看之下虽然呈现出性开放方面的意识进化，却也潜藏着轻易被男性主导的结构捕获的危机。本应获得主体性的女性们，实际上仍在持续受到男性和新市场的剥削。

女性追求“美丽”的陷阱

女性主义者纳奥米 · 沃尔夫（1962—）一针见血地指出了商业对女性的剥削。她在 1990 年出版的作品《美貌的神话》中谈道：“女性美丽的标准是由社会建构起来的。”

在 T 台上走着优雅猫步的白人模特们，将一种关于美丽的非常不现实的理想强加给了世界上的大多数女性。对电视台女主播的要求是“必须得有年轻的外表”，对于男主播却觉得“年纪越大越有威严”。20世纪50年代那些以贤妻良母为目标的女性，到了90年代开始将视线转向了变美。一些女性杂志开始拼命煽动读者：要减肥瘦身，拥有苗条曲线；要在性方面取悦男性；要努力提升自己的化妆技术！由此产生的“美貌神话”，甚至还将能够维持纤细体形的人抬上了道德高地，认为这类人要比身材丰满者拥有更强的自制力。甜品也被认为是罪孽深重的诱惑者，甚至被批判为不道德的象征。

为了和拥有一定经济实力的男性结婚，女性不得不拼命满足那些极端严苛的标准。她们沦为资本主义剥削的对象，积极地，甚至可以说是争先恐后地将自己商品化。减肥、化妆、健身、整容，甚至还出现了为私处整形的项目。相关企业借此攫取了大笔财富。不过，20世纪90年代最具代表性的模特之一凯特·摩丝代表的病态纤瘦风格，即“海洛因时尚”，近些年来也开始受到质疑，由此还出现了“脂肪积极”（Fat Positive）和“身体积极”（Body Positive）等运动。

2　第三波浪潮的涌动与核心

巴特勒的《性别麻烦》：100个人就有100种性别

可以说，如果没有朱迪斯·巴特勒（1956—）那本革命性的《性别麻烦：女性主义与身份的颠覆》，我们就无法讨论第三波女性主义浪潮。

第二波女性主义浪潮在波伏瓦的引领之下讨论了男性与女性之间的差异，将生理性别和社会性别进行了明确的区分。可以说，波伏瓦的《第二性》对性别概念进行了新的阐释。而另一边，第三波女性主义浪潮又通过巴特勒的《性别麻烦》，将对性别概念的讨论提升到了一个新的层面上。

巴特勒的思想属于后结构主义。后结构主义认为，社会现实是由描述它的语言建构而成的。因此，巴特勒主张，人的社会性存在是经由他们语言和行动形成的自身“行为”的集合所建构的，而人的性别则通过这一系列“行为”的反复和持续得以形成并维持。她将这种行为的反复称之为“操演性”（Performativity）。

例如，一个出生时生理性别为女的孩子，并不会因此拥有女性的性别认同。她要通过穿粉红色鞋子、扎双马尾、玩儿洋娃娃等行为的反复实践，才能意识到自己是女孩。人在一生中都需要不断地重复这些行为，以确立并强化自身的性别认同。

巴特勒认为，社会构造就是这样将性、性别和性存在紧密关联起来的。只要出生时的生理性别是男性，社会就会期待他能拥有“男性气质”，女性则自然而然被视作性爱对象。这样的认知不断强化，就形成了文化规范。规范一旦形成，想要脱离其掌控

《性别麻烦》（*Gender Trouble*, 1990）

巴特勒著。本书解构了“女性”的概念，对女性主义和酷儿研究产生了极大影响。

就会遭受惩罚。如果生而为男，那么一旦选择了具有女性气质的行为，就会遭受侮辱，并被冠以“娘炮”（swish）标签，有时甚至会引发歧视性暴力事件。

巴特勒将这种男性和女性的二元性别规范比喻为社会强加给我们的陷阱。性从来不应分为男女两类，性别也不应被生硬地划分为男女两个相反的极端。100个人有100种走路、讲话和表达的方式，也就有可能构成100种不同的性别。但是，社会把二元性别看作绝对的分类方式，明显地限制了人们的思想自由。对于同时拥有男女双方特征的间性人，这一社会规范将通过医学手段，强制把他们的身体塑造成符合男性或女性特征的状态。也就是说，先有社会性别的两极，生理性别再相对应地被人为分成男性或女性。生理性别本应是一个纯粹的客观事实，在我们的社会中，它却和男性气质、女性气质等社会性别概念深深联系在了一起。因此，要构想出没有任何偏见的社会性别概念几乎是不可能的。

由此可见，巴特勒解构了第二波女性主义浪潮给出的既定前提下的“女性”概念。她认为，世界上并不存在所有女性共有的单一看法、本质以及人生经验，不能把所有女性都划进同一个圈子。第二波女性主义谱写的“全体女性团结一致”的“大型史诗”，到了第三波女性主义这里，就转变成了追求每一个具体的人都能在社会中闪耀光芒的“小型个人传奇”。

《性别麻烦》阐述了一个概念，那就是“性别并非绝对的”。但我们很难轻易摆脱既定的性别观念，巴特勒本人也指出，用“一早起来，推开衣柜选一个今天的性别”来解释她的观点是错误的。在个体不断重复某种行动累积而成的巨大集合之下，性别规范早已成为社会系统的一部分，不可能靠个人行动在一夜之间就发生改变。但这也并不意味着没有希望。性别观念看似绝对，实际却不然。它不过是一种社会规范，通过每个人不断累积的行动，就能够弱化这种规范。

巴特勒虽然解构了性别概念，却并没有给出逃离“操演性”之陷阱的具体方法。而找到这种方法的希望，或许就握在我们这一代人的手中。

“有月经的人”：J. K. 罗琳引发的网络纷争

波伏瓦将“性别”（gender）从“性”（sex）之中分离出来之后，第二波女性主义浪潮也随之开始。巴特勒却明确指出，其实是“性别”这一“容器”先被创造了出来，随后才出现了“性”的概念，用以和性别相契合。“男性气质”“女性气质”等性别概念先行出现，导致原本并非二元对立的性为了对应“性别”，只能分为男性和女性两极。性别概念早已在社会之中根深蒂固，我们甚至很难想象没有了这些概念世界会变成什么样子。而在性别和性之间的关系（包括非二元性别在内）不断被细分的同时，我们也面临着新的分歧与难关。

J. K. 罗琳是创作了世界级畅销书《哈利 · 波特》的著名作家。她于 2020 年 6 月在推特上转发了一篇标题为“为有月经的人创造平等的后新冠世界”的评论文章，批评“有月经的人”这一表述，因此引发了网络争议。

女性买不起生理用品的情况往往会被看作女性贫困问题，这种情况在日本也很多见。不过，在性别认同高度多元化，且对这一话题极端敏感的欧美国家，人们很难直接将女性与“有月经的人”画等号。

有些跨性别女性出生时性别被归类为男性，自己却对被分配的性别感到违和，于是后天变更为女性。这种 M to F（从男性到女性）的跨性别者虽然是“女性”，却可能并不会有月经。反之，F to M（从女性到男性）的跨性别男性，当然也会因荷尔蒙值产生一些变化。但即便成了“男性”，他们也很难彻底告别月经。

所以，2020 年 5 月时美国新闻网站 Devex 在评论文章中没有把女性和月经直接关联起来，而是使用了“有月经的人”这样的表述。针对这种“政治正确”的表现，罗琳在推特上略带讽刺地表示：“我记得以前是有‘女性’这么一个词的，对吧？”

罗琳的发言被视为“反跨性别的激进女权主义”（trans-exclusionary radical feminists）言论，是否定和厌恶跨性别者的表现。罗琳自身受关注度极高，这样的言论自然引发了一场轩然大波。曾饰演哈利·波特一角的演员丹尼尔·雷德克里夫在其博客上写下了“跨性别女性也是女性”的发言，以表明与罗琳划清界限。

由此可见，从两极分化的“男性”和“女性”，到光谱化和多样化的性别认同与性取向，性别概念在不断细分的同时，又在少数派中制造出了更进一步的少数群体分化。

尤其是对于跨性别女性，事实上，想要包容这一群体的女性主义者和力图排斥这一群体的女性主义者之间存在着非常激烈的冲突。

如今这个社会，我们已经无法像过去那样心无芥蒂地呼吁“女性团结”了。但是，切实受到压迫的人依然存在，分配不均的情况也愈发明显。这也迫使我们不得不去和逐渐复杂化的问题作斗争。

3　第四波浪潮：女性主义是可以在网上轻松和任何人谈论的

无论男女，人人都应该是女性主义者

从 2010 年起，第四波女性主义浪潮乘着网络的波涛汹涌袭来，对女性主义的讨论方式也变得随意起来。

记者凯特琳 · 莫兰在 2011 年出版的回忆录《如何成为女人》中主张：21 世纪的女性之所以能够享受当下的生活，正是因为历史上女性主义者的奋斗。如果没有女性主义，女人们就无法在银行开户，甚至无法阅读。这本书运用通俗易懂的方式，解释了很多令人难以理解的女性主义主张。它把一部分前卫女性具有攻击性的主张传播给了更多的大众，其幽默轻松的文风也引发了很多人的共鸣。

就这样，在众多超级明星的带动下，女性主义运动逐渐开始变得更加放松且随意了。

当下最知名的女性主义者之一是英国女演员艾玛·沃特森。她在参演《哈利·波特》系列电影的过程中，从一个小女孩一路成长。世界各地见证这一历程的影迷，大都会对她产生一种憧憬和亲近之感。2014 年，艾玛·沃特森作为联合国妇女署的亲善大使发起了 He For She（他为她）运动。该运动旨在呼吁广大男性积极参与到防止女性遭受暴力对待的行动中去。沃特森强调，女性主义者并不仇恨男性，女性主义触及的问题不单纯是女性的问题，同时也是人权的问题，因此男性也一样是当事人。

另一位扛起推广女性主义担子的名人就是米歇尔·奥巴马。2014 年，尼日利亚东北部发生了恐怖组织“博科圣

凯特琳·莫兰
Caitlin Moran（1975—）

英国记者,《纽约时报》专栏作家，曾担任过电视音乐节目的主持人。2010 年获英国新闻奖专栏作家奖，其作品和所发表的言论极受大众关注。《如何成为女人》是一本展现莫兰身为女性主义者的自传体生活记录，也是一本热门畅销书。

地”绑架大批女学生的事件。当时，米歇尔·奥巴马表达了对#BringBackOurGirls（带我们的女孩回家）运动的支持，这也是她在全球范围内促进女性教育工作的延伸。

就这样，女性主义运动开始通过以“标签运动”（Hashtag Movement）为代表的推特（现名“X”）等社交网络媒体发声。这种新的女性主义比较突出的特点是，它基本由大众熟知且仰慕的公众人物引领。在此之前，女性主义者一直被视为远离大众的激进群体，这次的女性主义运动则营造出了一种人人都能没有障碍和抵触地主动加入的气氛。

尼日利亚作家奇玛曼达·恩戈兹·阿迪契也是这一潮流之中的核心人物。2003 年她出版了自己的首部作品《紫木槿》，讲述了一名尼日利亚少女在充满暴力的父权制家庭中成长的故事。令她一举成名的，则是 2012 年她在 TED 的一次演讲。

演讲题目是《无论男女，人人都应该是女性主义者》。演讲中，阿迪契讲述了自己的男性朋友们用“你是恐怖分子”一般的语气称呼她是“女性主义者”的经历。但是，她对尼日利亚男性并无谴责之意，也没有将主题局限于呼吁解放尼日利亚的女性，而是描绘了尼日利亚以及更为广阔的整个世界的变化。

阿迪契如实陈述了自己出生与成长的尼日利亚的现状。在那里，对于一个人的行为是否适当，人们会根据性别给出不同的评判标准。她谈到很多女性自少女时期就要为满足男性的自尊心而压抑自己，并指出问题的关键并非男性的存在本身，而是男性群体没有认识到这一点。在阿迪契看来，男性是能够、也应该去成为一名女性主义者的。为了发挥自己潜在的能力，男女两性都应该摆脱对性别的固定观念。她认为想要做到这一点，首先应该改变教育儿童的方式，要让下一代对性别拥有更为公平的观念。因此她也在《亲爱的安吉维拉：或一份包含 15 条建议的女性主义宣言》一书中提出了 15 条建议，倡导大家不要用区分性别的方式教育女孩。

歌手碧昂丝在她名为“Flawless”的歌曲中引用了阿迪契的话作为歌词；迪奥公司将阿迪契的演讲标题印在了 T 恤上；瑞典政府将阿迪契的演讲整理出版成《无论男女，人人都应该是女性主义者》，分发给全国 16 岁以下的儿童。就这样，阿迪契倡导的女性主义理念渗透到此前女性主义从未触及的人群之中，成了尽人皆知的基础教育中的一部分。

女性主义在变得更容易被大众接受的同时，也开始显得有些浅显。对于女性主义的日常化，社会上当然也出现了相关的批判言论，有人认为把女性主义当作常识，会使它失去曾经拥有的那种革命激情。美国女性主义作家杰莎 · 克里斯平在她 2017 年的作品《为什么我不是女性主义者：一部女性主义宣言》中用严肃的语气写道：接受以男性为中心的文化熏陶，只会空喊口号，这种“生活方式女性主义”（lifestyle feminism）已经是徒有其表，毫无灵魂。在克里斯平看来，女性主义始终应该呼吁从根本上推翻资本主义和父权制等社会系统。如若改变方向，开始承认现有的社会系统，这种女性主义也就不再配被称为女性主义了。

桑德伯格的“涓滴女性主义”

谢丽尔·桑德伯格在其著作《向前一步：女性、工作及领导意志》中的主张，正是这种生活方式女性主义的企业家版本。

桑德伯格曾任职谷歌副总裁，又于 2008 年任职 Facebook 首席运营官（COO），四年后升任该公司的首位女董事。毫不夸张地说，她是世界上最有名的女企业家。

《向前一步：女性、工作及领导意志》是一本全球畅销书。桑德伯格在这本书中强调，一个成功的女性应该替自己的后继者提出更多的诉求。例如，她任职谷歌骨干期间，就曾在孕晚期要求谷歌提供孕妇专用的停车场。这个停车场在她离职后仍得到了保留，为其他怀孕的女性员工继续提供福利。

桑德伯格认为，身居要职的女性如果能主动替地位较低的女性提出一些诉求，女性主义的成果就将如涓涓细流一般，扩展到社会的各个阶层。这便是她倡导的“涓滴女性主义”。切尔西·克林顿和奥普拉·温弗里等和她一样有能力的女性也都对这样的观点表示赞同。

与此同时，对于“涓滴女性主义”，也同样存在一些批判的声音。批判者认为，这种女性主义理念存在极端个人主义倾向。桑德伯格在事业上升期时，晚上仍会在陪伴孩子们度过一段时间后匆匆回到自己的笔记本电脑前工作，或者在开电话会议的同时躲到厕所隔间吸奶。她通过极度的努力，才在工作和家庭生活之中取得了许多成绩。而对于很多女性来说，这种成功故事会让她们将做不出同样的成绩归因于自己，从而受到伤害。

进一步说，对桑德伯格观点的批判和对生活方式女性主义的批判类似，认为它们都是建立在对资本主义这一权力体系认同的基础上。其所提倡的女性主义并不寻求对结构性剥削制度的彻底

谢丽尔·桑德伯格
Sheryl Sandberg（1969—）

美国IT界的企业家、慈善家。2012年入选《时代》周刊全球100名最具影响力人物榜。2013年出版的著作《向前一步：女性、工作及领导意志》旨在宣扬女性应争取就任领导职位，打破工作和家庭的重重壁垒。

变革，只是改变了表象。正因如此，一部分批评观点认为，桑德伯格并不是要把既存的权力集团从上层拉下来，而是倾向于维护这样一个权力圈子。

#MeToo 运动，2017 年坠落的巨大陨石

标签运动并不仅仅是稳健型女性主义的活动土壤。更具攻击性的浪潮，也像是在暗示激进派女性主义的回归一般涌动着。

围绕社交网络展开的现代女性主义运动的集大成者，当属 2017 年的 #MeToo 运动。2017 年 10 月，数名女演员在《纽约时报》上公开对好莱坞著名制片人哈维 · 温斯坦多年来的性骚扰行为提出指控。报道称，在长达 30 年的时间里，哈维 · 温斯坦曾在多个城市强行猥亵他人，还给那些准备起诉他的女性支付封口费。这一报道震惊了世人。

其实，温斯坦的性骚扰行为在好莱坞早已是一个“公开的秘密”。可很多女性因为害怕自己的事业受损，不敢正面挑战且告发这样一个有地位、有实力的人物。《纽约时报》的这篇报道猛然打破了这个时代的沉默，温斯坦不但被他自己经营的公司解雇，还因强奸和性暴力的指控被判入狱 23 年。

在《纽约时报》发表该文章的十天后，美国女演员艾丽

莎·米兰诺在其推特上发出了“想要对那些遭受性骚扰和性暴力的女性回应一声 Me Too（我也一样）”的倡议。短短几个小时，响应这个倡议的回复就高达数千条。一名女性打了 #MeToo 标签，讲述自己遭受强奸的经历。紧接着，有数百万人在推特上通过 #MeToo 的标签讲述自己的经历。就这样，社交媒体使性骚扰，甚至远超性骚扰程度的性侵害问题变得可视化了。

伴随着这股浪潮，那些曾因恐惧和羞耻而难以开口讲述性侵经历的女性，终于找到了倾诉的出口。于是，在社交媒体的空间之中，大量地涌现出了各种各样的讲述。

往昔讳莫如深的经历一旦得到释放，产生的能量就是巨大的。不仅是女性，一部分男性及跨性别人士也在 #MeToo 运动中讲出了自己的受害经历。例如，就有年轻男性站出来表示自己曾被美国男演员凯文·史派西性侵。

此外，#MeToo 也为企业内部指控性骚扰的行动提供了环境。2017 年 12 月，《金融时报》通过性骚扰案件指控数量的增长，证实了“温斯坦效应”的存在。

2017 年 2 月，工程师苏珊·福勒在博客上指控加州的 Uber 公司存在性骚扰现象。虽然这起案件相当有名，但根据《金融时报》的数据，当时并没有什么人效仿苏珊的行为。4 月份和 7 月份时，在媒体界和科技公司也出现过类似指控，却也不过寥寥数起。

然而，自温斯坦被指控以来，政治、金融、媒体、音乐、科技、娱乐等多个领域的重要人物之中均有人被指控性犯罪。在短短两个月内，英美两国的性犯罪指控数量就达到了 40 起。不少之前在业界地位很高的知名人士，也在指控之下丢了工作。此后，#MeToo 运动进一步扩散到全世界。在不到一个月的时间内，推特上的 #MeToo 运动就在 85 个国家中被分享了 170 万次。意大利、西班牙、法国、沙特阿拉伯……#MeToo 运动在不同国家地区和不同语言的环境中如火如荼地开展着。

实际上，“Me Too”这个词并不是从 2017 年才开始被用于社会活动之中的。早在 2006 年，供职于亚拉巴马州的青少年团体 Just be 的非裔美国人塔拉纳·伯克就曾为遭受性暴力的年轻人们组织研讨会。她提醒遭受性暴力的受害者，如果他们需要帮助，却又难以直接提出需求，便可以在会上发放的表格里写上一个“Me Too”。结果，参加研讨会的 30 名年轻女性之中，竟有近 20 人添加了这个标记。这也被称为 #MeToo 运动的开端。

#MeToo 原本是为了告诉年轻的有色人种女性“你并不孤独”而展开的运动，随后该运动却大大超越了原先的范畴。伯克本人也表示，2017 年媒体上掀起 #MeToo 运动热潮并非偶然，自 2006 年起，这一运动就在逐渐积累能量。同时，她也与偏离运动初衷的一些争议和行为保持了一定的距离。

在第二波女性主义运动中，性与性别得到了区分。在第三波女性主义运动中，性与性别的区分得到了细化。随后，第四波女性主义运动则乘着互联网的浪潮汹涌而至。

在第三波浪潮中，人们已经不再一味追求“宏观叙事”，转而开始相信，只有面向各自所处的集团和阶层进行一些更为具体的信息传递才是更有说服力的。而掀起巨大浪潮的 #MeToo 运动又能为整个女性主义带来什么呢？接下来的历史，将由我们亲眼去见证。

第七章

日本的女性主义
——在欧美影响下的独立发展

1　对母性的赞扬

和欧美女性主义之间的显著区别

如果要举出一个日本女性主义的特征，那大概就是对母性的极度关注吧。日本的女性主义论争，往往都是围绕着母性这一主题展开的。

除了文化女性主义这个特殊的例子，美国的女性主义者普遍对“女性气质”持消极态度。例如，宝洁旗下的卫生巾品牌 Always 曾拍过一支“Like A Girl”的广告。拍摄时，导演要求一些年轻成年女性和包括小男孩在内的男性展示他们心目中“像女孩子那样奔跑”的样子。在听到这样的要求之后，被拍摄者大多摆出了扭捏的姿态：双腿乱蹈，手臂甩在左右两边，而不是前后摆动，根本跑不快。然而，当真正的 12 岁女孩听到这个问题时却做出了全力以赴奔跑的姿态。这个活动想表达的主题正是“女性气质”已有被污名化之嫌，遵循此种刻板印象就是在降低自己的能力。

刻板印象中的女性气质是一种需要被克服的障碍。男性和女性生来都拥有力量，唯独女孩子在受教育的过程中逐渐丧失了对力量的自信。所以，想要从所谓女性气质的成规之中获得解放，女性就需要活得更接近男性。如果用一个可能会遭受批判的极端说法来解释，那就是女性也应该“成为男人”。可以说，正是这种十分单纯的思想构成了美国主流女性主义的核心。

这种“成为男人”的想法，和我在前一章中介绍的“涓滴女性主义”类似。也就是说，美国的女性主义者相信，男性和女性本质上没有区别，女性也应该和男性一样，并且需要将能够成为男性的空间从家庭扩张到市场。如此一来，这些上层女性也就变身成“男性”，可以用争取权益的“涓滴”不断自上而下地渗透，为下层女性带去福利。

另一边，日本社会则对女性气质，尤其是其中的母性表现出了高度的追捧。记得我读初中时参加合唱比赛，有一首参赛曲叫作《大地赞颂》。歌词里有一句：“躺在大地母亲的怀抱，我们是多么欢乐。”歌词的后半段更是一直在赞颂“大地母亲”。

当时仍在读中学的我们，都是将自然与母性视为一体，带着一种敬畏之心去歌唱的。唱着这样的歌长大的我们，很难理解“成为男人”的呼吁。

与谢野晶子与平冢雷鸟的“母性保护论争”

大正时期的日本，认同女人也应“成为男人”的女性主义者只有一个，她就是与谢野晶子（1878—1942）。虽然晶子并未直接宣称要“成为男人”，看法却与其非常接近。而日本最早的一场女性主义论争，就是20世纪10年代与谢野晶子与平冢雷鸟（1886—1971）的“母性保护论争”。

与谢野晶子出生于大阪，父亲是传统老店骏河屋点心铺的老板。在兄长的影响下，晶子年少时阅读了尾崎红叶、幸田露伴、樋口一叶等人的小说。她从20岁左右就开始一边在店里工作，一边创作和歌并进行投稿。在创作过程中，她同与谢野铁干相识并发生不伦关系，随后离家，和铁干一同搬去了东京。她的第一本歌集《乱发》颂扬了女性官能之美，为她确立了浪漫派歌人的地位。算上出生后2天便早夭的孩子，她和铁干生育了12个孩子。

两人育有这么多子女，与谢野铁干却几乎没有收入。他创办刊物《明星》之初时财务状况尚好，可随着支撑刊物内容的年轻人逐一离开，《明星》最终停刊，铁干在失意之下一蹶不振，创作活动也进入瓶颈。在铁干后来得到庆应义塾大学文学部教授一职之前，繁重的家庭生计全靠晶子一人担起。

另一边，平家雷鸟是一名活跃于大正至昭和年间，为争取妇女参政权等女性权利而奔走的活动家。她的父亲是明治政府的高级官员，家庭富裕。雷鸟在成长过程中接受了汉文及英文的教育。在经历了一次相约殉情未遂事件后，雷鸟成为引发大众好奇心的人物，而她也以此为契机，开始对解放被压抑女性的自我认知产生了兴趣。

平冢雷鸟年仅25岁便创办了月刊杂志《青踏》，以创刊时那句“女性原本是太阳”闻名于世。不过，她创办杂志的钱来自富裕母亲的资助。另外，和雷鸟有实际婚姻关系的奥村博史是一位空有画家志向、却几乎没什么作品的人。可以确定，夫妻二人的经济来源其实都是雷鸟富裕的娘家。总的来说，和只身扛起家庭重担的与谢野晶子相比，雷鸟的生活状态或许更接近高级无业游民。

在《青踏》中，作家金子筑水（1870—1937）刊文介绍了瑞典女作家爱伦·凯，平冢雷鸟读后顿时迷上了这位作家的思想。

爱伦·凯影响之下的雷鸟，持反对观点的晶子

爱伦·凯既是作家，也是哲学家、教育家、设计理论家。她原本信奉自由主义，随后转而信仰社会主义，并强调社会中母性

的重要性。她还表示，母性非常重要，政府应该为养育孩子的母亲负担家庭生计。基于爱伦·凯的观点，雷鸟主张，国家应保护母性，怀孕、分娩和育儿期的女性应该得到国家的庇护。而“母性保护”问题，也正是雷鸟和晶子论争的主题。

晶子曾在《青踏》创刊号上发表了名作《漫言》，名句“山动之日将至”便出自其中。1989 年，土井多贺子在参议院议员选举上评价社会党的巨大胜利是“山动之日已至”，这句话便是对晶子诗句的改写。晶子和雷鸟最初属合作关系，当年雷鸟追随丈夫前往巴黎前，晶子还曾为其送行，随后两人便渐行渐远了。

对于爱伦·凯影响之下催生出的“女性生活的核心就是母性”这个观点，晶子持反对意见。她在杂志《太阳》上发表了名为《应排除对母性的偏重》一文，并在文中表示：我是一名母亲，同时也是一名男性的妻子，是他人的朋友，是全人类的一分子，是日本国民，我会思考、吟诗、写作，打点衣食住行。我是意义丰富的存在，而母亲不过是我这样一个丰富多面体中的一面而已。

晶子主张世上的一切事物都可由男性和女性平等地完成，从而力求将男女之间的差异最小化。的确，男女之间存在妊娠、生产等生理方面的区别，不过这是人和人之间诸多差异中的一种，与遗传、环境、教育等因素并无二致，可以通过后天教育和其他途径克服。晶子还指出：人性的本质不在于为人父母，而是努力改善自己所处的境遇。她认为，正因如此，无论男女都可以通过努力去实现经济和精神上的独立。晶子其实就是我们现在所谓的新自由主义者，认同自发的努力能够填补差距。

晶子曾在一篇文章中表示自己不同意欧美妇女运动提出的妊娠分娩时期需要国家提供经济上的特殊保护等主张。她认为在经济上依靠男性是一种隶属关系，依靠国家则是一种委身于国家的状态。所以晶子虽然提出无法履行母职的贫困者确实需要接受国家保护，但也认为在除此之外的情况下，女性都应该用自己的积蓄努力渡过妊娠和生产的关卡。

也就是说，晶子为自己生育了众多子女且是一名努力勤劳的工作者而感到自豪。所以她无法忍受他人对母性的强调，并主张在成为母亲之前，自己首先是一个人。女性应该和男性一样，通过努力获得经济独立。此外，她还认为努力的人和懒惰的人之间会产生社会差距，这也是很正常的。女性和男性应平等竞争，胜者才有资格进入更高的阶级。

如今看来，晶子的观点很符合美国人的思路。然而，雷鸟却对此表示强烈抗议。

“孩子属于国家，母亲抚养孩子应获得报酬”

雷鸟认为晶子的看法是不现实的，她无视了女性所处劳动环境的现状。雷鸟之所以有如此态度，是因为她曾参观过当时纺织工厂中女工们的劳动现场，共情了那些女性的境遇。

的确，当时日本的劳动环境相当恶劣。面对这样的状况，晶子呼吁改善劳动环境，雷鸟则倡导女性远离劳动，同时也要避开被男性抚养的“屈辱”境地。所以，就“好母亲和优秀职业女性无法两全”这一议题，雷鸟搬出了爱伦·凯的理论：应将母亲视作一种职业，国家应像对待军人和官僚一般，为母亲支付报酬。

雷鸟在认同爱伦·凯思想的同时，批判了晶子将子女当作私有物的想法。雷鸟认为孩子属于国家，因为儿童的数量和质量与国家社会的发展进步及未来命运息息相关，所以生育、抚养子女的母亲一职便不应是为个人工作，而应为社会、为国家工作。而单凭女性履行了母亲的义务这一点，国家就应予以充分的报酬，以尽到保护母亲的责任。

由此可见，雷鸟在母性保护方面的思想已经发展到了“国家论”的程度。晶子对此提出了反对意见。她认为，即便孩子不能算某个人的私有物，也同样不该属于国家。孩子只属于他们自己，因为每个孩子都有自己的独立人格。

这场发生在大正时期的论争已经非常接近自由主义女性主义和文化女性主义的交锋，实在令人印象深刻。然而，当时日本并没有适宜与谢野晶子个人主义观念发展的土壤，而倡导将母性和国家结合的雷鸟，后来也因在日俄战争及太平洋战争时期发表了支持战争的言论而遭到批判。

顺带一提，在 2016 年日本某博客上，“抽不到进托儿所的名额，日本去死！”的言论引发了广泛讨论。以此事件为契机，“托儿所待机儿童归零”政策的实施惊人地加速了。“日本去死”这句话之所以能够引起社会广泛的共鸣，也是因为民众和过去雷鸟的想法相同，认为保护母亲应该是国家的责任吧。

2　20 世纪 70 年代，妇女解放运动的火花

“从厕所中解放出来吧”：田中美津的猛烈一击

这种围绕母性展开的女性主义讨论，在战中及战后停歇了一段时间，到了 20 世纪 70 年代，又在妇女解放运动中燃起生机。

放眼全球，18 世纪末至 20 世纪初，西方国家的妇女争取参政权的运动被称为第一波女性主义运动。20 世纪 60 年代后半叶至 70 年代初，女性追求主体性的妇女解放运动被称为第二波女性主义运动。1960 年，日本国民掀起了大规模反战群众运动，也即安保斗争，而当时的美国也正在开展反对越南战争的运动。

学生运动在世界范围内开展得如火如荼，与此同时，很多日本女性却只能委身幕后，负责照顾台前的男性。这些女性对自己的性别角色分工十分不满，奋起反抗，女性解放运动由此诞生。

日本妇女解放运动的代表人物田中美津（1943—2024）在一篇文章中称，对于男性来说，女性只有两种类型。一种是充满温柔母性的“母亲”，一种是作为性欲处理机器的“厕所”。在现实中，男性把前者看作结婚对象，把后者看作玩乐对象。然而，无论把女性当成哪种对象，本质都没有区别。此外，田中还为这篇文章起了一个惊世骇俗的名字，那就是《从厕所中解放出来吧》。从这个标题就不难看出当时妇女解放运动的激进主义倾向，而运动的主要目的则是反对修改优生保护法。在 1972 年的妇女解放大会上，田中领导的“战斗的女性联盟”分割成了“新宿中心”等数个不同团体。

“生与不生是女性的权利”

在妇女解放运动中，带有极强特色的当属“反对禁止堕胎的法律并要求取消避孕药禁令的妇女解放联盟”(简称“中 Pi 联”)。戴着粉色头盔的中 Pi 联成员聚集在那些有过家暴或外遇行为的男性所供职的公司中，将那些男性吊起来，以此表示抗议。媒体当然十分乐于报道这种颇富战斗姿态的运动，然而，也有很多人认为这种形式过于激进。时至今日，中 Pi 联的行为仍被认为是女性主义在日本受人嘲笑的一大原因。

与此同时，倡导“生与不生是女性的权利”的中 Pi 联正如其名，主张堕胎自由，强烈要求取消避孕药禁令。同时也有资料显示，中 Pi 联是一个孤立的团体，和妇女解放运动中的其他团体都没有联系。

如果说中 Pi 联的出现只是一个罕见的例外，那么担起妇女解放运动核心的“战斗的女性联盟”发出的“想要生育，但无法安心生育”的呼喊，似乎应该是最为接近当时妇女心声的了吧。

对于性和生殖的权利，美国女性主义者主张的“我的身体由我做主”，可以被视作“生与不生都是女性的权利”的另一种表达。然而究其根本，该主张追求的其实是“不生的权利”。这也正是为什么中 Pi 联会将争取堕胎权视作运动核心，并试图通过取消避孕药禁令获得生殖自由。

此外，美国的一部分女性主义者认为女性和男性本质上没有区别，既然男性能够摆脱与生俱来的“生育属性”带来的重负，那么女性也应当拥有“不生的权利”。反观日本，即便是最为激进的妇女解放运动流派（除中 Pi 联这一例外），都将着眼点落在了“生的权利”上。从这种对比中，也能看出日本和美国的女性主义在本质上是有所区别的。

3　20 世纪 80 年代的“美龄论争”

大正时代再临？围绕“母”“子”“工作”的论争

此后比较有名的女性主义论争之一，当属 20 世纪 80 年代后半叶的“美龄论争”。

当时，陈美龄是日本当红的华人歌手。1987 年，她作为 12 个节目的固定或半固定出演人员，在第一个孩子出生不久后便被电视台催促早日回归职场。工作人员说她可以带着孩子来录制节目，陈美龄心怀不安，但还是照做了。

这一做法被媒体报道之后，当时的“布鲁斯女王”淡谷法子评价道：“艺人做的是贩卖梦想的工作，把孩子带去休息室，等于让家庭渗透进了工作之中，这样不妥。”专栏作家中野翠也表示：“听说陈美龄把小孩带去了电视台的休息室？说实话，我觉得她和那些把小孩带去咖啡厅的妈妈没什么两样。”在当时的日本，咖啡厅是成年人的领地，对于孩子而言可以算作不健康的场所。在中野翠看来，把小孩带去电视台的行为太过天真了，是陈美龄考虑不周。

在众多批判者之中，作家林真理子是冲在最前面的一位。她在《周刊文春》的专栏中写道：“她说的话都是正确的，但都是非常随意且毫无责任心的‘正确’。借用我的一个言辞比较刻薄的朋友的话说：这完全就是‘属于小女生的正确’。人们对这种所谓的正确发言毫无办法。因为你一旦试图反驳她，就会被贴上‘仇恨和平’‘不关注孩子’‘不关心国际关系’的标签。”(《今夜回忆起的欢笑》,《周刊文春》1987 年 7 月）

另一边，陈美龄则在《中央公论》(1987 年 10 月）上表示“我不会被批评打倒”，并亲口解释了自己的“正确”。“的确，建造起一个和平的世界很难，去爱他人也很难。但只要发自真心地传递自己的想法，就一定会得到切实的帮助。我非常相信这一点。”而针对陈美龄的表述，林真理子在《文艺春秋》(1988 年 5 月）上刊登的回应《你差不多得了吧陈美龄》言辞非常尖锐，甚至可以说极具攻击性。

“像你这样的人，恐怕别人说什么都是油盐不进……陈美龄，你应该是个相信善意和爱的温柔女人吧？你到处宣扬只要全世界都是好人，只要人人都愿意真心沟通，世界就能迎来和平是吧？

这和新兴宗教有什么区别？

“我是一个创作小说的作家，所以我十分擅长读懂人的内心。如果我生了一个小孩，还把他带去出版社或演讲现场的话，那儿的人们大抵都会表现出迎合之态，甚至还会有人说出‘下次再带宝宝来哟’一类的客气话。但我能从他们的表情之中读出完全不同的情感……这些在电视台和杂志社工作的人，真的会开开心心逗着宝宝，发自内心地期待你再把宝宝带来吗？这一点相当值得怀疑。”

林真理子认为，在复杂的成人世界里，所有人都应该拥有看透场面话背后的真实想法的能力。也就是说，无论男女，大家都是专业人士，应该遵守职场的一贯做法，不可以那么不成熟。林真理子认为这是“成年人的规矩”，但这种想法其实植根于男权社会的逻辑。所以我们可以把她的表达理解成：女人也应该“成为男人”。看得出，林真理子和与谢野晶子都是这一观念的支持者。

是“工作的母亲”，
还是“纯真无瑕的母性”？

林真理子展现出了攻击性，而陈美龄却对此表示沉默。在这一阶段，赞同林真理子的人居多。正在这时，上野千鹤子却在《朝日新闻》上发表文章，表示“工作的母亲背后还有她们的孩子”，公开表达了对陈美龄的支持，扭转了整件事的风向。上野指出，林真理子强调的“职场规矩”的确没错，但这个正确的规矩其实属于男权社会的职业伦理。“如果没法和男人一样地工作，那就应该别工作”，这种论调是对女性的一种压迫。

此后，各路论客纷纷加入，这场论争最终持续了两年之久。然而，上野对陈美龄的支持不只是表达同情，也是出于一种战术上的考量。因为在文坛名人林真理子的“成年人的规矩”面前，陈美龄“带着宝宝上班之后职场气氛变得更轻松了”的回应充满纯真无邪的气质。上野担心这场论争最终沦为“大人和小孩吵嘴”，为了让这场论争保持活力，她站出来试图帮助寡不敌众的陈美龄挽回局面。这样看来，此时的陈美龄看上去似乎柔弱、可怜、纯洁，成了某种程度上女性气质的象征。

所以，我认为将“美龄论争”比作主张女性独立的与谢野晶子和主张母性才是女性之本质的平冢雷鸟之间的论争，并将陈美龄贴上“工作的母亲”这一标签的做法未免有些浅薄。正如专攻性别研究的浅井美智子一语道破的那般：陈美龄表现出来的与其说是“工作的母亲”形象，不如说是“纯洁无瑕的母性”。实际上，陈美龄没有直接反驳批判她的观点，而是让电视台跟拍了自己养育长男的影像。

陈美龄表示："我想亲手抚养孩子，想亲自给孩子喂奶。这都是我很自然的情感。"就这样，她带着孩子回归了职场，似乎成了日本社会根深蒂固的母性幻想的化身。而无论多么有力的笔墨，都无法驳倒圣母般的慈爱。林真理子之所以说"像你这样的人，恐怕别人说什么都是油盐不进"，就是不满陈美龄的行为将全社会共通的母性幻想"装点"在了自己身上。

进入平成之后，这种母性神话又变幻了一种形态再次出现。2013年，时任日本首相的安倍晋三呼吁将育儿假延长到3年，并提出了"整整三年尽情围着孩子转"的口号。看得出，坚信婴孩、至少是幼儿必须和母亲在一起的观念，在日本社会仍然根深蒂固。

4　生态女性主义论争中的母性议题

青木弥生提倡的“生态女性主义”是什么？

最后，我想再介绍一场发生在女性主义内部，更具学术色彩的论争——生态女性主义论争。它发生在上野千鹤子和青木弥生之间，同样是围绕着母性议题展开的。

自 1973 年石油危机爆发以来，女性主义也开始关注起生态问题。生态运动的参与者认为过度工业化造成了环境问题，他们对此深感忧虑，并在日常生活中积极采取行动。例如：拒绝购买含有添加剂和农药的食物，尽量选择自制食品，亲手栽培有机蔬菜。他们提倡的“触手可及、亲眼可见、步行可到”，仿佛是在告别无比便利的当代社会，试图复归靠天吃饭的生活。

1983 年，青木弥生提出了“生态女性主义”的观念。她将生态运动和女性主义结合起来，并形成了一套理论。生态女性主义者认为，过度工业化的问题应归咎于社会对“男性原则”的偏重，并将回归自然和“女性原则”捆绑到了一起。简而言之，她们认为世界可分为两派，一派是代表自然的“女性原则”，一派是代表文明的“男性原则”。

远古时代，人类抱有一种对“大地母亲”的崇拜。在人类尚未对自然丧失敬畏之心的“未开化”时代，“男性原则”和“女性原则”维持着一定的平衡。然而，16 世纪末的工业革命大大打破了这种平衡。现代化进程中对经济效率的极度追求，导致“男性原则”不断膨胀，而“女性原则”则不幸沦陷，最终造成了失衡的局面。

无休止的技术进步破坏了“生活在大地上，热爱着大地”这一脚踏实地的生活方式。“男性原则”挤压了“女性原则”的空间，导致世界失衡。外在表现是环境破坏，内在表现则是认定男性的理性能力高于女性的感性能力，以及女性地位劣于男性地位。所以，在生态女性主义者看来，不论是工业造成的生态破坏，还是男性行使的性别歧视，都是社会在工业化和现代化浪潮之中对自然施压导致的结果。

那么，为了解决失衡，就要呼吁每个人找回自己内在的女性气质，恢复“女性原则”的重要地位。只有“内在的自然”，也就是我们的身体性（尤其是女性的身体性，因为女性具备母性的功能）才能帮助我们亲近自然。我们必须在恢复自然生态的同时，努力恢复自己身体的生态。这就是生态女性主义的理论：倡导全人类回归自然生活，告诫人类要高唱对大地的颂歌，感谢脚下的土地。

上野千鹤子
对“自然是人类之母”提出异议

这种生态女性主义理论一经提出，便遭到了其他女性主义者的反对。其中的代表人物便是上野千鹤子，她和青木弥生展开了数次关于生态女性主义的辩论。在“美龄论争”中，上野站在代表纯洁母性的陈美龄一边，但对于生态女性主义提倡的“自然是人类之母”，她却表示了异议。

20 世纪 70 年代，日本的妇女解放运动将女性气质当作一种负面因素，力求将女性从中解放出来。然而，生态女性主义却认为女性气质有着积极的一面，并尝试通过赞颂这种女性气质达到变革社会的目的。然而，正如众多批评者所指出的，在母性幻想根深蒂固的日本，无论该理论的提倡者意图如何，她们的倡导都很容易遭受利用。“女性原则”这个词本身就与女性气质和母性紧密相连，而将“男性原则”与市场关联，将“女性原则”与家庭关联，则更容易强化男性在公共领域的责任，将女性禁锢在私人领域之内。最终，这种生态女性主义思想会被坚持“母亲就应该留在家庭之中守着孩子”这一观念的日本社会利用。

青木在把女性与男性进行相对化的同时，主张“生育属性”作为女性和男性的性别差异是始终存在的。如果试图彻底消除这一性别差异，只会加剧大家的自我认同危机。所以，她认为应该追求“没有歧视的区分”，也就是一种承认性别差异的平等。

另一边，上野并不否认女性拥有的“生育属性”，却提出也应该将“生育属性”纳入男性范畴，通过这种方式尽可能地缩小性别差异。上野主张男性和女性都可平等地成为“母亲”，承担关怀的责任。

此后，日本女性学研究会召开以“女性主义该往何处去——女性原则与生态学”为主题的研讨会。担任会议讲师的青木和与会成员上野展开了直接对决，将这场生态女性主义论争推向高潮。然而，在一场白热化的讨论过后，结果却出人意料。大家发现，青木和上野之间的思想本质上其实并无太大分歧。

我想，这或许正是日本女性主义的一大特征吧。美国的自由主义女性主义力求将女性从母亲的枷锁中解放出来，用比较极端的说法，就是希望无论男性还是女性都应该成为男性。而日本的女性主义则倾向于在一定程度上歌颂母性，向着无论男性还是女性都应该“成为女性”的方向前进。

5　日本女性主义的特征

得到潜在肯定的“男女差异”与“母性幻想”

严格来讲，在日本提倡生态女性主义的其实只有青木一人。即便如此，主攻家庭社会学的落合惠美子在前文提到的那场研讨会中仍表示：“支持生态女性主义的人应该还有很多，一定也有不少人认为想要保护现有家庭的原貌，女性就应该展现女性原则，守在家中抚慰从充满矛盾的社会回家的男人们。”这样的说法，似乎有代人发言之嫌。主攻女性学的江原由美子则指出：虽然只有青木一个人把生态女性主义视作日本女性主义潜在的主流思想，并将其理论化，但这或多或少意味着该思想符合参与女性主义运动的女性们的直观感受。

归根结底，母性幻想是日本社会中一个不言而喻的基石。美国的女性主义认为男女在本质上是一样的，女性主义者的终极追求是“成为男人”。在生育方面，她们认为既然男性无须承担生育之责，女性自然也有选择不生的权利。这种观念看上去也很像是在争取成为男人的权利。

而在日本，虽然主张男性和女性存在本质区别的生态女性主义论者非常少，但其主张作为一种社会基本思想仍被民众接受了。日本的女性主义者没有宣扬“成为男人”的思想，取而代之的是对女性气质，尤其是母性的歌颂。在我看来，这种普遍的对“成为母亲”的追求，正是日本社会核心观念的体现，日本的女性主义也深受这种环境的影响。所以即便妇女解放运动的暴风席卷而来，除特殊个例之外，在性及生殖权利方面，人们追求的往往仍是“生育权利”。这个现象可以说颇具象征意味。

是主张男女本质上一样，大家都要“变成男人”？还是主张男女之间存在本质区别，歌颂“成为母亲”的愿望？这两种观念的差异，导致了女性主义需要推翻的对象的不同。

比起父亲的权威，
母亲的慈爱似乎是更需跨越的壁垒？

美国的女性主义者认为，父亲的存在阻挠了男性在社会上大展拳脚。这一思想源自弗洛伊德理论中的一个概念——俄狄浦斯情结，即通过杀死父亲确立自我。所以美国的女性主义者主张攻击父权制，坚信人们只有从父权之中解放出来，才能获得自由。

然而，弗洛伊德的这个理论对于日本而言并不那么适用。在日本，当一个人开始作为独立的个体在社会中立足时，比起父亲的权威，母亲的慈爱更像是大的阻挠。很多人的存在是以母亲的自我牺牲为基础的，这种爱过于沉重，很容易让人产生愧疚感，进而导致了不自由。

反抗父亲残暴的权威，拒绝走上一条被逼迫的道路。背叛母亲给予的无价之爱，拒绝她们在担忧之下提供的更加安全稳妥的道路。这两种选择，究竟哪一种更困难呢？人们很容易将弑父行为当作对权威的挑战，却很难把弑母行为正当化。情感上尤其如此，比起父亲的权威，母亲的慈爱是那样柔软，却比最坚硬的盾还难击破。

这就是为什么很多日本人依然沉浸在母性幻想之中，无法承认无论男性还是女性都拥有自己的独立人格。即使是男性，不，正因为是男性，才会把无条件地肯定和接纳自己的“母亲”视为与自我融为一体的存在。而在这样的社会之中，女性也不可能达到真正意义上的独立。在母性幻想笼罩下的日本，西方的女性主义思想显得很不现实。

如果只是这样倒也无妨，因为西方的思想并非就更优越。我们要做的，是意识到母性幻想是日本社会默认的共识。西方大体上已经明确了男女平权，而中国在劳动方面也将男女平等实现得很好。相较而言，日本社会的内在结构并不完善，却总是倾向于选择更加稳妥的解决措施，在解释自己的选择时表现得也有些幼稚，因此时常在国际社会中遭受误解。

日本人自然可以把很多来自西方的看法当作偏见，对此表示不满。但当今国际社会，很大程度上仍以西方的规范为准则，这同样是不可忽视的事实。因此，我们有必要重新审视扎根于日本社会内部的女性主义，站在国际视野去审视自己国家的问题，并拥有向外部表达自身理论的能力。东方国家也都面临着这个课题。

后记

女性主义运动常被比作浪潮。

在某一时期，这浪潮高涨起来，让很多人为之疯狂。然而，随着最初目标的达成或失败，或是随着如战争等时代限制的出现，浪潮又会逐渐减弱。这种起伏的状态的确与浪潮类似：潮水汹涌而来时，人们往往会期待它能带来一些改变，但世界无法轻易被改变，于是人们又开始失望、灰心……但也正是这种种热望的盈亏，为女性主义带来了十足的生命力。

也有许多人会批判浪潮这个比喻。来自世界各地、拥有不同背景的人们，为了改变性别及性存在的现状，凭着一腔热情展开行动。如果这种行动的集合就是女性主义，那这个结合体内部一定存在各种维度的差异。印度有印度的情况，伊斯兰国家有伊斯兰国家的情况，而亚洲国家也有亚洲国家的情况。自 20 世纪 90 年代起，女性主义走上了细分化的道路，这种区别变得愈发明显了。种种现实情况都非常尖锐地直指传统女性主义将“女性”视作坚如磐石的统一形态，宣扬要和男性“对决到底”的粗糙看法。

女性主义运动发生在世界各地，其内部有着极为多样的细节，这些细节很容易被“浪潮”中的强弱变化所吞没。当我们把女性主义当成一个统一的故事来讲述时，一些与之矛盾的运动就会被推到边缘。最终，西方的、白人社会的女性主义往往会成为主流，被过度强调。

如今人们比以往更加重视各种思想在细节上的区别，倾向于避免将它们混为一谈，这也正是当代女性主义的重要风向之一。尽管如此，在本书中，我还是选择将女性主义的历史看作是一波又一波的浪潮，尽量表现出更为宏观的形态。因为在我看来，对各种思想之间区别的过度强调，似乎削弱了女性主义运动的势头。避免将各种思想混为一谈自然正确，但若这种“正确”无法容忍哪怕是一点点的偏差，也将抑制过去女性主义运动曾拥有的如潮汐涨落一般的活力。

所以，我希望可以尽自己所能去想象、去呈现独属于各自时代的激情，这也正是我撰写本书时最大的愿望。出于个人的学术与生活背景，本书关于美国流派的描述较多，也有很多思想未能谈及。我十分明白其中存在的局限和偏颇，但比起把所有女性主义运动相关内容都平等地条分缕析，像辞典一样地罗列，我更想呈现出只有从冲突和矛盾中才能生发出来的腾腾热气。也希望这鲜活的热气能够拥有十足的温度，融化一部分针对“女性主义”的冷漠之辞。

编者说明

女性主义是一个复杂而多元的议题，不同时代、不同地域的女性主义运动往往呈现出迥异的面貌。本书呈现的观点和内容，既包含作者个人的研究视角，也反映了特定历史背景下的社会思潮。作为出版方，我们建议读者在阅读时，能够结合具体的社会文化语境，辩证地思考女性主义的多样性与发展历程。同时，我们也希望这本书能成为一座桥梁，帮助读者更深入地理解女性主义的全球发展轨迹，以及它在当代社会中的现实意义。

我们相信，女性主义不仅是历史的产物，更是推动社会进步的重要力量。希望这本书能激发更多读者对性别平等议题的关注与思考，并在各自的领域内付诸实践。

别再我问什么是女性主义

作者 _ [日] 山口真由　　译者 _ 董纾含

编辑 _ 房静　　装帧设计 _ @ broussaille 私制　　主管 _ 阴牧云

物料设计 _ 李琳依　　技术编辑 _ 顾逸飞　　责任印制 _ 刘淼　　出品人 _ 王誉

鸣谢

周馨玥

果麦

www.goldmye.com

以 微 小 的 力 量 推 动 文 明

图书在版编目（CIP）数据
别再问我什么是女性主义 /（日）山口真由著 ；董纾含译. -- 昆明 ：云南人民出版社，2025.9. -- ISBN 978-7-222-24124-4
Ⅰ. D440-49
中国国家版本馆 CIP 数据核字第 2025BD9355 号

责任编辑：李　爽
责任校对：刘　娟
责任印制：李寒东

版权合同登记号：图字：23-2025-70 号

别再问我什么是女性主义
BIEZAI WENWO SHENMESHI NVXINGZHUYI
[日]山口真由 著　董纾含 译

出　版　云南人民出版社
发　行　云南人民出版社
社　址　昆明市环城西路 609 号
邮　编　650034
网　址　www.ynpph.com.cn
E-mail　ynrms@sina.com
开　本　880mm × 1230mm　1/32
印　张　6
字　数　113 千字
版　次　2025 年 9 月第 1 版　2025 年 9 月第 1 次印刷
印　刷　河北鹏润印刷有限公司
书　号　ISBN 978-7-222-24124-4
定　价　49.80 元